D1102063

# WORDLE CHALLENGE

500 puzzles to do anywhere, anytime

## How to use this book

In **Wordle Challenge**, you use letter prompts to solve the puzzle and find the five-letter word suggested by the clue.

The appearance of each letter tells you **if** it occurs in the solution and **where** it appears.

A white letter on a black background means the letter is in the solution and in the correct position, for example the letters **E** and **A** below:

A black letter on a grey background means the letter is in the solution but in the wrong position, for example the letters **A**, **T** and **E** below:

A black letter on a white background means that the letter is not in the solution at all, for example the letters **C** and **H** below:

The clue is **GIFT**, so the solution to the puzzle is **TREAT**:

Each puzzle has a letter marker underneath, so you can keep track of which letters have been ruled out, like this:

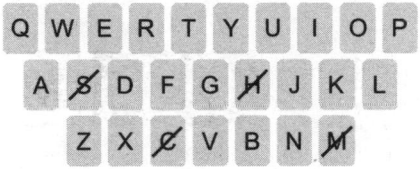


The **EASY** puzzles contain more correct letters, more frequently in their correct positions. The **MEDIUM** and **EXPERT** puzzles give you fewer prompts.

Good luck!

**Puzzle 1**
Clue:
problem

| | | | | |
|---|---|---|---|---|
| L | I | K | E | D |
| S | T | Y | L | E |
| L | O | T | U | S |
| G | U | I | L | T |
| D | E | A | L | T |
| | | | | |

Q W E R T Y U I O P
A S D F G H J K L
Z X C V B N M

**Puzzle 2**
Clue:
premature

| | | | | |
|---|---|---|---|---|
| S | T | A | N | D |
| T | A | K | E | S |
| M | A | Y | B | E |
| D | E | L | A | Y |
| L | A | Y | E | R |
| | | | | |

Q W E R T Y U I O P
A S D F G H J K L
Z X C V B N M

**Puzzle 3**
Clue: bench

| | | | | |
|---|---|---|---|---|
| C | L | U | N | G |
| M | O | V | E | D |
| B | I | T | E | R |
| F | E | A | T | S |
| A | B | E | T | S |
| | | | | |

Q W E R T Y U I O P
A S D F G H J K L
Z X C V B N M

**Puzzle 4**
Clue: responsibility

| | | | | |
|---|---|---|---|---|
| C | H | I | N | A |
| D | A | N | C | E |
| W | H | E | A | T |
| G | R | A | D | E |
| P | L | A | N | E |
| | | | | |

Q W E R T Y U I O P
A S D F G H J K L
Z X C V B N M

**Puzzle 5**
Clue: gift

| | | | | |
|---|---|---|---|---|
| P | L | A | N | E |
| A | M | I | T | Y |
| M | A | T | E | S |
| C | H | E | A | T |
| S | M | A | R | T |
| | | | | |

Q W E R T Y U I O P
A S D F G H J K L
Z X C V B N M

**Puzzle 6**
Clue: graph

| | | | | |
|---|---|---|---|---|
| G | L | O | B | E |
| A | U | D | I | T |
| S | C | A | N | T |
| R | E | A | C | T |
| C | R | A | F | T |
| | | | | |

Q W E R T Y U I O P
A S D F G H J K L
Z X C V B N M

**Puzzle 7**
Clue: form

| | | | | |
|---|---|---|---|---|
| L | I | G | H | T |
| H | I | R | E | D |
| A | W | A | S | H |
| C | H | I | T | S |
| S | H | O | R | E |
| | | | | |

Q W E R T Y U I O P
A S D F G H J K L
Z X C V B N M

**Puzzle 8**
Clue: error

| | | | | |
|---|---|---|---|---|
| T | R | A | I | T |
| S | L | A | C | K |
| L | A | T | E | R |
| L | A | S | E | R |
| P | A | L | E | S |
| | | | | |

Q W E R T Y U I O P
A S D F G H J K L
Z X C V B N M

**Puzzle 9**
Clue: push

| | | | | |
|---|---|---|---|---|
| D | R | A | F | T |
| A | C | H | E | S |
| A | S | H | E | N |
| S | H | I | L | L |
| S | H | A | P | E |
| | | | | |

Q W E R T Y U I O P
A S D F G H J K L
Z X C V B N M

**Puzzle 10**
Clue: tool

| | | | | |
|---|---|---|---|---|
| B | I | S | O | N |
| P | L | U | M | S |
| S | T | R | A | P |
| S | P | E | A | R |
| S | P | I | C | E |
| | | | | |

Q W E R T Y U I O P
A S D F G H J K L
Z X C V B N M

**Puzzle 11**
Clue: fear

| M | I | G | H | T |
|---|---|---|---|---|
| P | L | A | N | S |
| A | I | M | E | R |
| G | R | A | D | E |
| A | R | M | E | D |
| | | | | |

Q W E R T Y U I O P
A S D F G H J K L
Z X C V B N M

**Puzzle 12**
Clue: vast

| L | O | G | I | C |
|---|---|---|---|---|
| K | I | N | G | S |
| T | H | I | N | G |
| R | A | N | G | E |
| A | N | G | R | Y |
| | | | | |

Q W E R T Y U I O P
A S D F G H J K L
Z X C V B N M

**Puzzle 13**
Clue: official

| | | | | |
|---|---|---|---|---|
| F | I | N | A | L |
| W | H | A | L | E |
| A | D | M | I | T |
| M | A | S | O | N |
| M | A | C | R | O |
| | | | | |

Q W E R T Y U I O P
A S D F G H J K L
Z X C V B N M

**Puzzle 14**
Clue: pile

| | | | | |
|---|---|---|---|---|
| T | R | E | N | D |
| C | O | U | N | T |
| D | I | T | S | Y |
| A | C | U | T | E |
| P | A | T | C | H |
| | | | | |

Q W E R T Y U I O P
A S D F G H J K L
Z X C V B N M

**Puzzle 15**
Clue: fix

| | | | | |
|---|---|---|---|---|
| C | H | A | R | M |
| P | E | S | T | Y |
| S | I | N | E | W |
| T | Y | P | E | S |
| C | L | O | S | E |
| | | | | |

Q W E R T Y U I O P
A S D F G H J K L
Z X C V B N M

**Puzzle 16**
Clue: pain

| | | | | |
|---|---|---|---|---|
| B | U | C | K | S |
| C | H | I | L | D |
| T | W | I | C | E |
| G | R | A | N | D |
| A | N | G | L | O |
| | | | | |

Q W E R T Y U I O P
A S D F G H J K L
Z X C V B N M

**Puzzle 17**
Clue: moor

| | | | | |
|---|---|---|---|---|
| W | O | U | L | D |
| R | E | W | E | T |
| B | E | L | T | S |
| E | M | P | T | Y |
| E | A | R | T | H |
| | | | | |

Q W E R T Y U I O P
A S D F G H J K L
Z X C V B N M

**Puzzle 18**
Clue:
protrusion

| | | | | |
|---|---|---|---|---|
| S | T | A | N | D |
| D | R | O | V | E |
| T | R | U | C | E |
| M | I | X | E | R |
| B | U | Y | E | R |
| | | | | |

Q W E R T Y U I O P
A S D F G H J K L
Z X C V B N M

**Puzzle 19**
Clue:
remove

| | | | | |
|---|---|---|---|---|
| U | R | B | A | N |
| G | R | A | N | D |
| L | A | T | E | R |
| S | P | O | R | T |
| P | A | R | T | S |
| | | | | |

Q W E R T Y U I O P
A S D F G H J K L
Z X C V B N M

**Puzzle 20**
Clue: grasp

| | | | | |
|---|---|---|---|---|
| O | F | T | E | N |
| B | A | U | L | K |
| L | A | N | E | S |
| I | N | A | P | T |
| L | Y | I | N | G |
| | | | | |

Q W E R T Y U I O P
A S D F G H J K L
Z X C V B N M

**Puzzle 21**
Clue:ascend

| A | M | O | N | G |
|---|---|---|---|---|
| R | O | M | A | N |
| M | A | R | K | S |
| M | E | T | A | L |
| C | L | A | I | M |
| | | | | |

Q W E R T Y U I O P
A S D F G H J K L
Z X C V B N M

**Puzzle 22**
Clue:
training

| S | P | R | A | Y |
|---|---|---|---|---|
| M | I | C | R | O |
| F | I | R | S | T |
| G | R | I | N | S |
| P | R | I | Z | E |
| | | | | |

Q W E R T Y U I O P
A S D F G H J K L
Z X C V B N M

**Puzzle 23**
Clue: marker

| | | | | |
|---|---|---|---|---|
| F | A | I | L | S |
| S | I | G | M | A |
| A | L | O | N | G |
| S | T | A | G | E |
| R | A | N | G | E |
| | | | | |

Q W E R T Y U I O P
A S D F G H J K L
Z X C V B N M

**Puzzle 24**
Clue:
obliged

| | | | | |
|---|---|---|---|---|
| B | E | L | T | S |
| P | R | I | N | T |
| B | E | A | T | S |
| G | A | U | N | T |
| F | I | G | H | T |
| | | | | |

Q W E R T Y U I O P
A S D F G H J K L
Z X C V B N M

**Puzzle 25**
Clue: salute

| | | | | |
|---|---|---|---|---|
| B | E | L | O | W |
| C | O | D | E | S |
| M | A | S | O | N |
| C | O | S | T | A |
| A | U | T | O | S |
| | | | | |

Q W E R T Y U I O P
A S D F G H J K L
Z X C V B N M

**Puzzle 26**
Clue:
competence

| | | | | |
|---|---|---|---|---|
| B | U | R | N | S |
| N | O | I | S | E |
| C | H | I | P | S |
| L | I | V | E | N |
| F | I | N | D | S |
| | | | | |

Q W E R T Y U I O P
A S D F G H J K L
Z X C V B N M

**Puzzle 27**
Clue: fret

| | | | | |
|---|---|---|---|---|
| S | A | N | D | Y |
| D | O | W | D | Y |
| Y | E | A | S | T |
| L | I | M | E | Y |
| Y | O | U | T | H |
| | | | | |

Q W E R T Y U I O P
A S D F G H J K L
Z X C V B N M

**Puzzle 28**
Clue: stuff

| | | | | |
|---|---|---|---|---|
| L | Y | R | I | C |
| S | A | V | E | D |
| G | R | O | U | T |
| G | U | S | T | O |
| D | O | I | N | G |
| | | | | |

Q W E R T Y U I O P
A S D F G H J K L
Z X C V B N M

**Puzzle 29**
Clue: tear

| | | | | |
|---|---|---|---|---|
| A | C | E | R | B |
| C | H | O | K | E |
| H | O | C | K | S |
| C | A | P | H | S |
| P | H | A | S | E |
| | | | | |

Q W E R T Y U I O P
A S D F G H J K L
Z X C V B N M

**Puzzle 30**
Clue: lady

| | | | | |
|---|---|---|---|---|
| M | O | U | R | N |
| B | R | I | D | E |
| C | O | U | L | D |
| S | A | N | D | Y |
| D | E | A | T | H |
| | | | | |

Q W E R T Y U I O P
A S D F G H J K L
Z X C V B N M

**Puzzle 31**
Clue: portion

| W | O | U | L | D |
|---|---|---|---|---|
| A | M | O | K | S |
| F | I | R | S | T |
| S | A | V | E | R |
| A | R | L | E | S |
| | | | | |

Q W E R T Y U I O P
A S D F G H J K L
Z X C V B N M

**Puzzle 32**
Clue: throw

| W | A | V | E | Y |
|---|---|---|---|---|
| D | U | T | C | H |
| P | I | K | A | S |
| J | O | I | N | S |
| L | U | N | G | I |
| | | | | |

Q W E R T Y U I O P
A S D F G H J K L
Z X C V B N M

**Puzzle 33**
Clue: simple

| | | | | |
|---|---|---|---|---|
| B | O | A | T | S |
| M | A | Y | O | R |
| C | A | R | G | O |
| C | H | I | N | A |
| A | L | I | G | N |
| | | | | |

Q W E R T Y U I O P
A S D F G H J K L
Z X C V B N M

**Puzzle 34**
Clue:
dispute

| | | | | |
|---|---|---|---|---|
| V | I | E | W | Y |
| E | X | T | O | L |
| W | I | L | E | D |
| F | L | A | M | Y |
| C | A | R | L | S |
| | | | | |

Q W E R T Y U I O P
A S D F G H J K L
Z X C V B N M

**Puzzle 35**
Clue: speech

| | | | | |
|---|---|---|---|---|
| W | A | C | K | Y |
| G | L | E | N | S |
| S | H | I | F | T |
| G | E | O | I | D |
| V | I | D | E | O |
| | | | | |

Q W E R T Y U I O P
A S D F G H J K L
Z X C V B N M

**Puzzle 36**
Clue: prop

| | | | | |
|---|---|---|---|---|
| L | O | W | E | R |
| I | V | O | R | Y |
| V | E | N | O | M |
| S | P | E | N | D |
| S | O | U | N | D |
| | | | | |

Q W E R T Y U I O P
A S D F G H J K L
Z X C V B N M

**Puzzle 37**
Clue: wife

| | | | | |
|---|---|---|---|---|
| R | A | T | E | D |
| D | E | B | U | G |
| W | I | T | C | H |
| C | H | I | L | D |
| K | I | N | D | S |
| | | | | |

Q W E R T Y U I O P
A S D F G H J K L
Z X C V B N M

**Puzzle 38**
Clue: girl

| | | | | |
|---|---|---|---|---|
| D | E | L | A | Y |
| T | A | B | L | E |
| M | A | C | E | S |
| C | H | A | N | T |
| S | I | N | C | E |
| | | | | |

Q W E R T Y U I O P
A S D F G H J K L
Z X C V B N M

**Puzzle 39**
Clue:
student

| | | | | |
|---|---|---|---|---|
| S | T | U | D | Y |
| L | A | C | E | S |
| V | A | U | L | T |
| C | L | O | U | D |
| T | U | L | I | P |
| | | | | |

Q W E R T Y U I O P
A S D F G H J K L
Z X C V B N M

**Puzzle 40**
Clue: castle

| | | | | |
|---|---|---|---|---|
| N | A | S | T | Y |
| O | U | G | H | T |
| F | O | R | T | Y |
| S | T | O | R | E |
| N | O | T | E | R |
| | | | | |

Q W E R T Y U I O P
A S D F G H J K L
Z X C V B N M

**Puzzle 41**
Clue:
monarch

| | | | | |
|---|---|---|---|---|
| W | I | N | D | S |
| M | A | S | O | N |
| O | F | T | E | N |
| R | E | I | G | N |
| C | L | E | A | N |
| | | | | |

Q W E R T Y U I O P
A S D F G H J K L
Z X C V B N M

**Puzzle 42**
Clue: water

| | | | | |
|---|---|---|---|---|
| L | A | K | E | S |
| K | E | M | P | S |
| E | A | R | T | H |
| B | R | I | D | E |
| F | I | B | R | E |
| | | | | |

Q W E R T Y U I O P
A S D F G H J K L
Z X C V B N M

**Puzzle 43**
Clue: peak

| | | | | |
|---|---|---|---|---|
| V | A | L | U | E |
| B | R | A | K | E |
| C | L | E | R | K |
| H | I | R | E | D |
| P | R | I | D | E |
| | | | | |

Q W E R T Y U I O P
A S D F G H J K L
Z X C V B N M

**Puzzle 44**
Clue: press

| | | | | |
|---|---|---|---|---|
| B | O | G | E | Y |
| S | A | K | E | R |
| A | R | G | O | L |
| C | R | O | W | N |
| I | N | U | R | E |
| | | | | |

Q W E R T Y U I O P
A S D F G H J K L
Z X C V B N M

**Puzzle 45**
Clue: attempt

| | | | | |
|---|---|---|---|---|
| C | H | A | R | T |
| B | R | O | A | D |
| L | U | X | E | R |
| B | O | N | U | S |
| P | U | R | S | E |
| | | | | |

Q W E R T Y U I O P
A S D F G H J K L
Z X C V B N M

**Puzzle 46**
Clue: strong

| | | | | |
|---|---|---|---|---|
| P | R | I | D | E |
| B | O | A | R | D |
| E | U | R | O | S |
| W | O | U | N | D |
| M | O | U | T | H |
| | | | | |

Q W E R T Y U I O P
A S D F G H J K L
Z X C V B N M

**Puzzle 47**
Clue: box

| | | | | |
|---|---|---|---|---|
| J | O | I | N | T |
| C | A | R | E | R |
| S | T | A | N | D |
| P | O | R | T | S |
| B | A | S | T | E |
| | | | | |

Q W E R T Y U I O P
A S D F G H J K L
Z X C V B N M

**Puzzle 48**
Clue: fun

| | | | | |
|---|---|---|---|---|
| J | E | R | K | Y |
| B | U | D | G | E |
| W | I | V | E | S |
| S | U | G | A | R |
| I | S | L | E | T |
| | | | | |

Q W E R T Y U I O P
A S D F G H J K L
Z X C V B N M

**Puzzle 49**
Clue:
fastener

| | | | | |
|---|---|---|---|---|
| D | O | Z | E | N |
| S | C | O | P | E |
| S | P | E | N | T |
| S | E | T | T | S |
| S | T | A | M | P |
| | | | | |

Q W E R T Y U I O P
A S D F G H J K L
Z X C V B N M

**Puzzle 50**
Clue:
minder

| | | | | |
|---|---|---|---|---|
| L | O | A | D | S |
| L | A | K | E | S |
| D | A | T | E | S |
| C | H | I | N | A |
| F | R | A | N | K |
| | | | | |

Q W E R T Y U I O P
A S D F G H J K L
Z X C V B N M

**Puzzle 51**
Clue: perfect

| | | | | |
|---|---|---|---|---|
| B | R | O | W | N |
| W | Y | N | D | S |
| K | I | N | D | A |
| A | U | D | I | T |
| N | I | D | A | L |
| | | | | |

Q W E R T Y U I O P
A S D F G H J K L
Z X C V B N M

**Puzzle 52**
Clue:
sharpness

| | | | | |
|---|---|---|---|---|
| R | E | A | L | M |
| G | R | A | C | E |
| S | C | R | E | W |
| B | R | U | S | H |
| D | R | I | N | K |
| | | | | |

Q W E R T Y U I O P
A S D F G H J K L
Z X C V B N M

**Puzzle 53**
Clue: flowing

| | | | | |
|---|---|---|---|---|
| A | F | R | I | T |
| J | O | I | S | T |
| L | A | T | E | X |
| W | E | L | L | Y |
| L | O | G | I | C |
| | | | | |

Q W E R T Y U I O P
A S D F G H J K L
Z X C V B N M

**Puzzle 54**
Clue: happy

| | | | | |
|---|---|---|---|---|
| B | L | O | G | S |
| S | A | U | D | I |
| W | I | V | E | S |
| M | E | A | N | T |
| M | A | N | G | Y |
| | | | | |

Q W E R T Y U I O P
A S D F G H J K L
Z X C V B N M

**Puzzle 55**
Clue: nerves

| | | | | |
|---|---|---|---|---|
| D | O | U | S | E |
| S | H | A | K | E |
| F | L | A | X | Y |
| S | I | T | A | R |
| A | V | I | O | N |
| | | | | |

Q W E R T Y U I O P
A S D F G H J K L
Z X C V B N M

**Puzzle 56**
Clue: foreign

| | | | | |
|---|---|---|---|---|
| S | A | T | I | N |
| G | H | O | S | T |
| G | I | T | C | H |
| M | O | T | H | Y |
| C | H | A | O | S |
| | | | | |

Q W E R T Y U I O P
A S D F G H J K L
Z X C V B N M

**Puzzle 57**
Clue: metal

| | | | | |
|---|---|---|---|---|
| T | U | N | E | S |
| Y | O | U | N | G |
| O | R | G | A | N |
| P | L | A | T | E |
| B | R | A | I | D |
| | | | | |

Q W E R T Y U I O P
A S D F G H J K L
Z X C V B N M

**Puzzle 58**
Clue: lift

| | | | | |
|---|---|---|---|---|
| M | O | V | E | D |
| W | O | M | E | N |
| A | G | A | T | E |
| L | A | T | E | R |
| T | R | I | A | L |
| | | | | |

Q W E R T Y U I O P
A S D F G H J K L
Z X C V B N M

**Puzzle 59**
Clue: trench

| | | | | |
|---|---|---|---|---|
| M | O | V | E | D |
| L | I | K | E | D |
| I | D | E | A | S |
| D | Y | I | N | G |
| F | I | R | E | D |
| | | | | |

Q W E R T Y U I O P
A S D F G H J K L
Z X C V B N M

**Puzzle 60**
Clue: snappy

| | | | | |
|---|---|---|---|---|
| C | U | V | E | E |
| B | I | C | E | P |
| A | C | O | R | N |
| D | E | C | O | R |
| M | A | R | C | H |
| | | | | |

Q W E R T Y U I O P
A S D F G H J K L
Z X C V B N M

**Puzzle 61**
Clue: globe

| | | | | |
|---|---|---|---|---|
| B | U | C | K | S |
| A | L | T | E | R |
| R | O | Y | A | L |
| M | O | R | A | L |
| L | O | W | E | R |
| | | | | |

Q W E R T Y U I O P
A S D F G H J K L
Z X C V B N M

**Puzzle 62**
Clue:
pursuit

| | | | | |
|---|---|---|---|---|
| B | L | A | N | K |
| M | E | D | A | L |
| P | A | S | T | E |
| R | A | R | E | D |
| Y | E | A | R | S |
| | | | | |

Q W E R T Y U I O P
A S D F G H J K L
Z X C V B N M

**Puzzle 63**
Clue: splice

| | | | | |
|---|---|---|---|---|
| S | O | U | P | Y |
| R | E | A | R | M |
| B | A | S | I | N |
| L | A | R | E | S |
| F | R | A | N | K |
| | | | | |

Q W E R T Y U I O P
A S D F G H J K L
Z X C V B N M

**Puzzle 64**
Clue:
splurge

| | | | | |
|---|---|---|---|---|
| M | O | R | A | L |
| C | A | R | G | O |
| P | A | N | E | L |
| P | L | A | I | N |
| O | P | E | N | S |
| | | | | |

Q W E R T Y U I O P
A S D F G H J K L
Z X C V B N M

**Puzzle 65**
Clue: sculpt

| | | | | |
|---|---|---|---|---|
| J | O | H | N | S |
| R | O | M | A | N |
| B | R | A | I | N |
| R | E | L | A | X |
| E | A | R | T | H |
| | | | | |

Q W E R T Y U I O P
A S D F G H J K L
Z X C V B N M

**Puzzle 66**
Clue: carrier

| | | | | |
|---|---|---|---|---|
| S | P | A | N | K |
| A | D | U | L | T |
| K | N | O | W | S |
| C | A | R | G | O |
| L | O | W | E | R |
| | | | | |

Q W E R T Y U I O P
A S D F G H J K L
Z X C V B N M

**Puzzle 67**
Clue: light

| | | | | |
|---|---|---|---|---|
| H | A | N | D | S |
| T | H | A | N | K |
| D | E | P | T | H |
| S | P | R | A | Y |
| F | I | R | S | T |
| | | | | |

Q W E R T Y U I O P
A S D F G H J K L
Z X C V B N M

**Puzzle 68**
Clue: embed

| | | | | |
|---|---|---|---|---|
| F | I | B | R | E |
| I | N | K | L | E |
| L | I | N | U | M |
| A | G | L | O | W |
| F | R | A | I | L |
| | | | | |

Q W E R T Y U I O P
A S D F G H J K L
Z X C V B N M

**Puzzle 69**
Clue: sound

| B | O | N | E | Y |
|---|---|---|---|---|
| T | R | A | I | N |
| I | D | I | O | T |
| L | O | S | E | R |
| S | L | A | C | K |
| | | | | |

Q W E R T Y U I O P
A S D F G H J K L
Z X C V B N M

**Puzzle 70**
Clue: under

| P | A | N | T | S |
|---|---|---|---|---|
| E | A | R | T | H |
| B | R | I | D | E |
| B | L | A | C | K |
| C | A | B | L | E |
| | | | | |

Q W E R T Y U I O P
A S D F G H J K L
Z X C V B N M

**Puzzle 71**
Clue: forbid

| | | | | |
|---|---|---|---|---|
| M | O | U | S | E |
| R | U | L | E | S |
| W | I | R | E | D |
| P | R | I | D | E |
| C | E | D | A | R |
| | | | | |

Q W E R T Y U I O P
A S D F G H J K L
Z X C V B N M

**Puzzle 72**
Clue: coin

| | | | | |
|---|---|---|---|---|
| V | I | E | W | S |
| N | E | W | L | Y |
| E | N | J | O | Y |
| T | A | B | E | R |
| R | E | P | L | Y |
| | | | | |

Q W E R T Y U I O P
A S D F G H J K L
Z X C V B N M

**Puzzle 73**
Clue: useful

| | | | | |
|---|---|---|---|---|
| B | I | N | G | O |
| N | O | I | S | E |
| P | R | I | N | T |
| S | U | D | A | N |
| N | A | K | E | D |
| | | | | |

Q W E R T Y U I O P
A S D F G H J K L
Z X C V B N M

**Puzzle 74**
Clue:
imagine

| | | | | |
|---|---|---|---|---|
| A | R | O | M | A |
| P | A | U | S | E |
| M | A | R | L | S |
| F | I | N | E | D |
| S | W | I | N | K |
| | | | | |

Q W E R T Y U I O P
A S D F G H J K L
Z X C V B N M

**Puzzle 75**
Clue: achievement

| | | | | |
|---|---|---|---|---|
| E | I | G | H | T |
| A | N | T | I | C |
| D | Y | K | E | S |
| A | R | M | E | D |
| U | N | B | A | R |
| | | | | |

Q W E R T Y U I O P
A S D F G H J K L
Z X C V B N M

**Puzzle 76**
Clue: peak

| | | | | |
|---|---|---|---|---|
| S | A | F | E | R |
| A | D | M | I | T |
| R | E | T | R | O |
| F | I | L | M | S |
| M | I | X | E | R |
| | | | | |

Q W E R T Y U I O P
A S D F G H J K L
Z X C V B N M

**Puzzle 77**
Clue: surprise

| | | | | |
|---|---|---|---|---|
| Y | O | U | T | H |
| C | H | O | W | S |
| B | R | O | A | D |
| A | M | O | N | G |
| Z | O | N | E | S |
| | | | | |

Q W E R T Y U I O P
A S D F G H J K L
Z X C V B N M

**Puzzle 78**
Clue: more

| | | | | |
|---|---|---|---|---|
| W | O | R | K | S |
| C | R | I | M | P |
| B | O | R | E | D |
| Y | E | A | R | S |
| T | R | A | D | E |
| | | | | |

Q W E R T Y U I O P
A S D F G H J K L
Z X C V B N M

**Puzzle 79**
Clue: each

| | | | | |
|---|---|---|---|---|
| G | U | E | S | T |
| D | O | Z | E | N |
| E | A | R | T | H |
| S | E | V | E | N |
| J | A | M | B | E |
| | | | | |

Q W E R T Y U I O P
A S D F G H J K L
Z X C V B N M

**Puzzle 80**
Clue: dear

| | | | | |
|---|---|---|---|---|
| A | C | U | T | E |
| D | E | B | U | G |
| P | R | O | V | E |
| M | O | T | E | L |
| J | O | C | K | Y |
| | | | | |

Q W E R T Y U I O P
A S D F G H J K L
Z X C V B N M

**Puzzle 81**
Clue: chill

| | | | | |
|---|---|---|---|---|
| B | A | S | I | N |
| C | O | S | T | A |
| A | F | T | E | R |
| C | R | E | A | M |
| H | E | A | R | T |
| | | | | |

Q W E R T Y U I O P
A S D F G H J K L
Z X C V B N M

**Puzzle 82**
Clue: pleased

| | | | | |
|---|---|---|---|---|
| K | I | N | G | S |
| H | A | Y | E | R |
| M | A | C | R | O |
| S | H | O | V | E |
| G | R | O | U | T |
| | | | | |

Q W E R T Y U I O P
A S D F G H J K L
Z X C V B N M

**Puzzle 83**
Clue: flat

| | | | | |
|---|---|---|---|---|
| D | E | C | O | R |
| M | A | Y | B | E |
| D | E | A | L | T |
| W | I | V | E | S |
| D | O | Z | E | N |
| | | | | |

Q W E R T Y U I O P
A S D F G H J K L
Z X C V B N M

**Puzzle 84**
Clue: sauce

| | | | | |
|---|---|---|---|---|
| D | U | V | E | T |
| A | B | O | V | E |
| D | I | V | A | S |
| V | O | C | A | L |
| T | R | A | I | N |
| | | | | |

Q W E R T Y U I O P
A S D F G H J K L
Z X C V B N M

**Puzzle 85**
Clue: soul

| | | | | |
|---|---|---|---|---|
| B | U | I | L | D |
| M | O | R | A | L |
| S | T | O | N | E |
| J | A | C | K | S |
| Y | O | U | T | H |
| | | | | |

Q W E R T Y U I O P
A S D F G H J K L
Z X C V B N M

**Puzzle 86**
Clue: pale

| | | | | |
|---|---|---|---|---|
| R | U | L | E | R |
| L | O | A | D | S |
| E | L | O | P | E |
| F | I | F | T | H |
| K | Y | T | H | E |
| | | | | |

Q W E R T Y U I O P
A S D F G H J K L
Z X C V B N M

**Puzzle 87**
Clue: claim

| | | | | |
|---|---|---|---|---|
| L | I | G | H | T |
| W | R | O | T | E |
| T | W | I | C | E |
| D | A | T | E | S |
| P | A | S | T | E |
| | | | | |

Q W E R T Y U I O P
A S D F G H J K L
Z X C V B N M

**Puzzle 88**
Clue: intent

| | | | | |
|---|---|---|---|---|
| F | I | R | E | D |
| A | U | T | O | S |
| S | A | L | V | E |
| P | L | A | N | S |
| C | L | A | M | P |
| | | | | |

Q W E R T Y U I O P
A S D F G H J K L
Z X C V B N M

**Puzzle 89**
Clue: cough

| | | | | |
|---|---|---|---|---|
| T | A | R | O | T |
| C | A | N | T | O |
| S | C | A | L | E |
| T | W | I | C | E |
| C | O | M | E | S |
| | | | | |

Q W E R T Y U I O P
A S D F G H J K L
Z X C V B N M

**Puzzle 90**
Clue: fruit

| | | | | |
|---|---|---|---|---|
| U | N | F | I | X |
| A | L | I | E | N |
| B | A | W | L | S |
| P | E | A | R | L |
| C | A | C | H | E |
| | | | | |

Q W E R T Y U I O P
A S D F G H J K L
Z X C V B N M

**Puzzle 91**
Clue: steer

| | | | | |
|---|---|---|---|---|
| A | B | U | S | E |
| V | O | I | C | E |
| A | E | O | N | S |
| L | O | G | I | N |
| S | T | R | O | P |
| | | | | |

Q W E R T Y U I O P
A S D F G H J K L
Z X C V B N M

**Puzzle 92**
Clue:
childish

| | | | | |
|---|---|---|---|---|
| Q | U | I | T | E |
| I | N | A | P | T |
| T | I | G | E | R |
| W | I | D | T | H |
| V | I | N | Y | L |
| | | | | |

Q W E R T Y U I O P
A S D F G H J K L
Z X C V B N M

**Puzzle 93**
Clue:
entertain

| | | | | |
|---|---|---|---|---|
| S | T | R | A | W |
| H | O | P | E | S |
| S | I | N | C | E |
| U | S | A | G | E |
| C | A | D | E | S |
| | | | | |

Q W E R T Y U I O P
A S D F G H J K L
Z X C V B N M

**Puzzle 94**
Clue: board

| | | | | |
|---|---|---|---|---|
| M | Y | O | I | D |
| A | I | R | T | H |
| S | A | R | G | O |
| C | A | U | L | D |
| R | A | V | E | L |
| | | | | |

Q W E R T Y U I O P
A S D F G H J K L
Z X C V B N M

**Puzzle 95**
Clue:
instruct

| | | | | |
|---|---|---|---|---|
| B | I | K | E | S |
| C | R | I | M | E |
| D | A | N | C | E |
| C | A | M | E | L |
| A | C | U | T | E |
| | | | | |

Q W E R T Y U I O P
A S D F G H J K L
Z X C V B N M

**Puzzle 96**
Clue: lesser

| | | | | |
|---|---|---|---|---|
| F | L | U | S | H |
| G | R | A | D | E |
| B | O | R | E | D |
| P | O | W | E | R |
| I | N | T | R | O |
| | | | | |

Q W E R T Y U I O P
A S D F G H J K L
Z X C V B N M

**Puzzle 97**
Clue: speciality

| | | | | |
|---|---|---|---|---|
| E | X | A | M | S |
| D | E | B | U | T |
| M | O | D | E | S |
| F | I | F | T | Y |
| F | I | R | E | D |
| | | | | |

Q W E R T Y U I O P
A S D F G H J K L
Z X C V B N M

**Puzzle 98**
Clue: zip

| | | | | |
|---|---|---|---|---|
| R | O | U | G | E |
| D | O | Z | E | N |
| A | R | M | E | D |
| H | I | R | E | D |
| S | A | V | E | D |
| | | | | |

Q W E R T Y U I O P
A S D F G H J K L
Z X C V B N M

**Puzzle 99**
Clue: muck

| | | | | |
|---|---|---|---|---|
| B | A | K | E | R |
| S | T | Y | M | Y |
| C | H | I | C | K |
| F | I | R | S | T |
| F | I | G | H | T |
| | | | | |

Q W E R T Y U I O P
A S D F G H J K L
Z X C V B N M

**Puzzle 100**
Clue: green

| | | | | |
|---|---|---|---|---|
| M | E | A | N | T |
| T | A | H | O | E |
| P | E | A | R | L |
| R | E | A | C | H |
| S | H | A | F | T |
| | | | | |

Q W E R T Y U I O P
A S D F G H J K L
Z X C V B N M

**Puzzle 101**
Clue: mark

| | | | | |
|---|---|---|---|---|
| B | E | G | U | N |
| O | F | T | E | N |
| P | L | A | N | T |
| T | A | K | E | N |
| T | R | A | I | N |
| | | | | |

Q W E R T Y U I O P
A S D F G H J K L
Z X C V B N M

**Puzzle 102**
Clue: twig

| | | | | |
|---|---|---|---|---|
| F | L | U | S | H |
| P | L | A | N | S |
| S | A | D | L | Y |
| G | U | E | S | T |
| T | H | I | N | K |
| | | | | |

Q W E R T Y U I O P
A S D F G H J K L
Z X C V B N M

**Puzzle 103**
Clue: cheek

| | | | | |
|---|---|---|---|---|
| D | R | I | N | K |
| A | B | H | O | R |
| M | E | N | S | E |
| A | X | M | E | N |
| L | A | N | E | S |
| | | | | |

Q W E R T Y U I O P
A S D F G H J K L
Z X C V B N M

**Puzzle 104**
Clue:
massive

| | | | | |
|---|---|---|---|---|
| Q | U | O | I | N |
| G | E | O | D | E |
| N | E | W | T | S |
| L | Y | S | E | D |
| V | A | G | U | E |
| | | | | |

Q W E R T Y U I O P
A S D F G H J K L
Z X C V B N M

**Puzzle 105**
Clue: view

| | | | | |
|---|---|---|---|---|
| M | A | I | L | E |
| B | O | S | U | N |
| V | I | E | W | S |
| S | A | Y | S | T |
| S | H | I | F | T |
| | | | | |

Q W E R T Y U I O P
A S D F G H J K L
Z X C V B N M

**Puzzle 106**
Clue: seam

| | | | | |
|---|---|---|---|---|
| H | E | I | R | S |
| C | H | E | E | R |
| O | R | B | I | T |
| C | A | M | P | Y |
| C | A | R | G | O |
| | | | | |

Q W E R T Y U I O P
A S D F G H J K L
Z X C V B N M

**Puzzle 107**
Clue: liquid

| | | | | |
|---|---|---|---|---|
| Y | O | U | N | G |
| B | E | A | N | S |
| G | R | A | D | E |
| C | R | E | A | M |
| L | A | R | G | E |
| | | | | |

Q W E R T Y U I O P
A S D F G H J K L
Z X C V B N M

**Puzzle 108**
Clue: show

| | | | | |
|---|---|---|---|---|
| I | D | E | A | S |
| L | E | W | I | S |
| L | A | P | E | L |
| D | E | V | O | N |
| V | O | I | C | E |
| | | | | |

Q W E R T Y U I O P
A S D F G H J K L
Z X C V B N M

**Puzzle 109**
Clue: pick

| | | | | |
|---|---|---|---|---|
| O | X | I | D | E |
| S | E | T | U | P |
| Q | U | I | E | T |
| E | I | G | H | T |
| E | M | P | T | Y |
| | | | | |

Q W E R T Y U I O P
A S D F G H J K L
Z X C V B N M

**Puzzle 110**
Clue:
unreliable

| | | | | |
|---|---|---|---|---|
| T | R | A | I | N |
| V | I | S | T | A |
| D | E | A | L | S |
| C | L | O | U | D |
| O | D | D | L | Y |
| | | | | |

Q W E R T Y U I O P
A S D F G H J K L
Z X C V B N M

**Puzzle 111**
Clue: bury

| | | | | |
|---|---|---|---|---|
| R | O | W | T | H |
| M | A | Y | O | R |
| T | R | A | C | K |
| D | R | I | F | T |
| G | R | I | T | S |
| | | | | |

Q W E R T Y U I O P
A S D F G H J K L
Z X C V B N M

**Puzzle 112**
Clue: change

| | | | | |
|---|---|---|---|---|
| B | I | N | G | O |
| P | E | R | P | S |
| S | M | A | R | T |
| T | R | I | A | L |
| F | L | U | M | E |
| | | | | |

Q W E R T Y U I O P
A S D F G H J K L
Z X C V B N M

**Puzzle 113**
Clue:
relative

| | | | | |
|---|---|---|---|---|
| S | Q | U | A | D |
| Y | O | U | T | H |
| B | A | N | D | Y |
| M | E | N | U | S |
| B | E | G | U | N |
| | | | | |

Q W E R T Y U I O P
A S D F G H J K L
Z X C V B N M

**Puzzle 114**
Clue:
cruelty

| | | | | |
|---|---|---|---|---|
| C | U | R | V | E |
| O | L | D | E | R |
| C | L | E | A | N |
| V | I | E | W | S |
| S | E | R | I | F |
| | | | | |

Q W E R T Y U I O P
A S D F G H J K L
Z X C V B N M

**Puzzle 115**
Clue: clump

| | | | | |
|---|---|---|---|---|
| N | O | I | S | E |
| Y | O | U | R | N |
| E | V | I | L | S |
| T | H | U | M | B |
| H | A | B | I | T |
| | | | | |

Q W E R T Y U I O P
A S D F G H J K L
Z X C V B N M

**Puzzle 116**
Clue: platform

| | | | | |
|---|---|---|---|---|
| F | R | A | N | K |
| A | U | D | I | T |
| T | O | D | A | Y |
| S | T | R | A | P |
| S | M | A | R | T |
| | | | | |

Q W E R T Y U I O P
A S D F G H J K L
Z X C V B N M

**Puzzle 117**
Clue: knife

| | | | | |
|---|---|---|---|---|
| M | E | N | U | S |
| E | V | I | L | S |
| F | I | L | E | D |
| D | E | A | L | T |
| A | M | P | L | E |
| | | | | |

Q W E R T Y U I O P
A S D F G H J K L
Z X C V B N M

**Puzzle 118**
Clue:
aerosol

| | | | | |
|---|---|---|---|---|
| S | O | L | I | D |
| S | I | G | H | T |
| B | E | A | S | T |
| S | U | G | A | R |
| S | M | A | R | T |
| | | | | |

Q W E R T Y U I O P
A S D F G H J K L
Z X C V B N M

**Puzzle 119**
Clue: drink

| | | | | |
|---|---|---|---|---|
| T | O | X | I | N |
| F | A | I | N | T |
| O | M | I | T | S |
| H | E | N | C | E |
| T | W | E | R | K |
| | | | | |

Q W E R T Y U I O P
A S D F G H J K L
Z X C V B N M

**Puzzle 120**
Clue: song

| | | | | |
|---|---|---|---|---|
| B | E | L | L | Y |
| C | A | R | D | S |
| S | P | I | T | E |
| M | I | N | C | E |
| C | O | I | N | S |
| | | | | |

Q W E R T Y U I O P
A S D F G H J K L
Z X C V B N M

**Puzzle 121**
Clue: block

| | | | | |
|---|---|---|---|---|
| B | A | T | H | S |
| B | E | L | O | W |
| B | E | A | S | T |
| U | R | B | A | N |
| B | R | A | I | E |
| | | | | |

Q W E R T Y U I O P
A S D F G H J K L
Z X C V B N M

**Puzzle 122**
Clue:
passage

| | | | | |
|---|---|---|---|---|
| C | O | U | T | H |
| Y | A | C | H | T |
| P | Y | R | A | N |
| T | O | D | A | Y |
| F | A | I | R | Y |
| | | | | |

Q W E R T Y U I O P
A S D F G H J K L
Z X C V B N M

**Puzzle 123**
Clue: little

| | | | | |
|---|---|---|---|---|
| P | L | A | N | S |
| G | I | V | E | S |
| A | U | D | I | T |
| B | A | L | M | Y |
| M | I | X | E | R |
| | | | | |

Q W E R T Y U I O P
A S D F G H J K L
Z X C V B N M

**Puzzle 124**
Clue: coarse

| | | | | |
|---|---|---|---|---|
| D | I | R | T | Y |
| M | I | C | R | O |
| R | O | M | A | N |
| E | U | R | O | S |
| O | P | E | R | A |
| | | | | |

Q W E R T Y U I O P
A S D F G H J K L
Z X C V B N M

**Puzzle 125**
Clue: waste

| C | E | N | T | U |
|---|---|---|---|---|
| M | A | C | A | W |
| D | R | O | P | S |
| P | I | C | K | Y |
| S | T | I | C | K |
| | | | | |

Q W E R T Y U I O P
A S D F G H J K L
Z X C V B N M

**Puzzle 126**
Clue: impossible

| S | T | U | D | Y |
|---|---|---|---|---|
| B | H | A | J | I |
| A | L | O | N | G |
| C | R | O | W | N |
| N | I | T | R | E |
| | | | | |

Q W E R T Y U I O P
A S D F G H J K L
Z X C V B N M

**Puzzle 127**
Clue: frank

| | | | | |
|---|---|---|---|---|
| C | H | O | R | E |
| S | I | Z | E | D |
| W | O | R | R | Y |
| B | A | N | D | S |
| B | L | A | N | K |
| | | | | |

Q W E R T Y U I O P
A S D F G H J K L
Z X C V B N M

**Puzzle 128**
Clue: mist

| | | | | |
|---|---|---|---|---|
| B | I | N | G | O |
| L | A | Y | E | D |
| C | E | D | A | R |
| S | P | A | R | E |
| S | A | L | T | Y |
| | | | | |

Q W E R T Y U I O P
A S D F G H J K L
Z X C V B N M

**Puzzle 129**
Clue: be

| | | | | |
|---|---|---|---|---|
| R | O | U | G | E |
| A | C | U | T | E |
| G | U | E | S | T |
| U | P | S | E | T |
| Y | E | A | S | T |
| | | | | |

Q W E R T Y U I O P
A S D F G H J K L
Z X C V B N M

**Puzzle 130**
Clue: important

| | | | | |
|---|---|---|---|---|
| S | N | A | K | E |
| R | O | Y | A | L |
| E | M | A | I | L |
| I | D | E | A | L |
| A | H | U | L | L |
| | | | | |

Q W E R T Y U I O P
A S D F G H J K L
Z X C V B N M

**Puzzle 131**
Clue: frown

| | | | | |
|---|---|---|---|---|
| A | D | O | P | T |
| B | A | N | J | O |
| D | E | L | A | Y |
| L | A | T | E | R |
| P | E | A | R | L |
| | | | | |

Q W E R T Y U I O P
A S D F G H J K L
Z X C V B N M

**Puzzle 132**
Clue: holy

| | | | | |
|---|---|---|---|---|
| L | E | W | I | S |
| S | C | R | E | W |
| S | I | G | M | A |
| B | A | S | I | N |
| G | A | I | T | S |
| | | | | |

Q W E R T Y U I O P
A S D F G H J K L
Z X C V B N M

**Puzzle 133**
Clue: trail

| | | | | |
|---|---|---|---|---|
| M | A | S | O | N |
| C | A | B | L | E |
| R | O | A | D | S |
| R | E | L | A | X |
| H | A | I | R | Y |
| | | | | |

Q W E R T Y U I O P
A S D F G H J K L
Z X C V B N M

**Puzzle 134**
Clue: flowers

| | | | | |
|---|---|---|---|---|
| A | M | P | L | Y |
| S | O | U | T | H |
| C | O | R | P | S |
| E | U | R | O | S |
| W | O | R | S | E |
| | | | | |

Q W E R T Y U I O P
A S D F G H J K L
Z X C V B N M

**Puzzle 135**
Clue: crawl

| | | | | |
|---|---|---|---|---|
| M | O | V | E | D |
| B | A | D | G | E |
| N | O | T | E | D |
| D | E | L | H | I |
| R | U | L | E | S |
| | | | | |

Q W E R T Y U I O P
A S D F G H J K L
Z X C V B N M

**Puzzle 136**
Clue: decline

| | | | | |
|---|---|---|---|---|
| F | O | R | T | Y |
| B | I | N | G | O |
| G | A | R | N | I |
| F | I | L | E | R |
| A | C | I | D | S |
| | | | | |

Q W E R T Y U I O P
A S D F G H J K L
Z X C V B N M

**Puzzle 137**
Clue:
voucher

| | | | | |
|---|---|---|---|---|
| D | I | R | T | S |
| B | A | G | G | Y |
| C | A | C | A | O |
| T | U | N | E | S |
| O | F | T | E | N |
| | | | | |

Q W E R T Y U I O P
A S D F G H J K L
Z X C V B N M

**Puzzle 138**
Clue: horrid

| | | | | |
|---|---|---|---|---|
| O | L | D | E | R |
| L | E | A | N | T |
| W | H | A | L | E |
| A | S | K | E | W |
| A | L | I | E | N |
| | | | | |

Q W E R T Y U I O P
A S D F G H J K L
Z X C V B N M

**Puzzle 139**
Clue: spook

| | | | | |
|---|---|---|---|---|
| M | O | N | T | H |
| D | U | T | C | H |
| A | N | G | L | O |
| C | L | A | I | M |
| B | A | Y | E | R |
| | | | | |

Q W E R T Y U I O P
A S D F G H J K L
Z X C V B N M

**Puzzle 140**
Clue: short

| | | | | |
|---|---|---|---|---|
| M | A | R | C | H |
| R | U | G | B | Y |
| O | R | B | I | T |
| B | R | A | I | N |
| B | R | I | D | E |
| | | | | |

Q W E R T Y U I O P
A S D F G H J K L
Z X C V B N M

**Puzzle 141**
Clue: teen

| | | | | |
|---|---|---|---|---|
| V | I | R | A | L |
| P | A | R | K | S |
| H | O | M | E | S |
| T | H | R | O | W |
| M | O | N | T | H |
| | | | | |

Q W E R T Y U I O P
A S D F G H J K L
Z X C V B N M

**Puzzle 142**
Clue: wreck

| | | | | |
|---|---|---|---|---|
| W | I | R | E | D |
| R | O | W | E | D |
| O | R | B | I | T |
| S | U | P | E | R |
| M | A | R | S | H |
| | | | | |

Q W E R T Y U I O P
A S D F G H J K L
Z X C V B N M

**Puzzle 143**
Clue: carer

| | | | | |
|---|---|---|---|---|
| F | O | R | T | Y |
| C | L | E | A | R |
| P | R | I | Z | E |
| W | O | R | S | E |
| P | E | R | C | H |
| | | | | |

Q W E R T Y U I O P
A S D F G H J K L
Z X C V B N M

**Puzzle 144**
Clue: teller

| | | | | |
|---|---|---|---|---|
| D | E | A | L | T |
| C | A | V | E | S |
| P | I | E | Z | O |
| A | N | G | L | E |
| L | A | K | E | R |
| | | | | |

Q W E R T Y U I O P
A S D F G H J K L
Z X C V B N M

**Puzzle 145**
Clue: avoid

| | | | | |
|---|---|---|---|---|
| M | O | D | E | M |
| V | I | N | Y | L |
| C | H | I | L | E |
| F | A | I | L | S |
| S | H | I | N | E |
| | | | | |

Q W E R T Y U I O P
A S D F G H J K L
Z X C V B N M

**Puzzle 146**
Clue: carry

| | | | | |
|---|---|---|---|---|
| P | A | T | H | S |
| F | A | I | L | S |
| S | H | I | F | T |
| F | O | R | C | E |
| F | I | B | R | E |
| | | | | |

Q W E R T Y U I O P
A S D F G H J K L
Z X C V B N M

**Puzzle 147**
Clue:
separate

| | | | | |
|---|---|---|---|---|
| T | H | R | O | W |
| F | L | O | E | S |
| B | L | O | G | S |
| C | L | U | C | K |
| S | L | O | P | E |
| | | | | |

Q W E R T Y U I O P
A S D F G H J K L
Z X C V B N M

**Puzzle 148**
Clue: food

| | | | | |
|---|---|---|---|---|
| M | E | T | A | L |
| L | E | W | I | S |
| L | O | V | E | R |
| H | O | R | D | E |
| L | Y | I | N | G |
| | | | | |

Q W E R T Y U I O P
A S D F G H J K L
Z X C V B N M

**Puzzle 149**
Clue: cheer

| | | | | |
|---|---|---|---|---|
| D | A | I | L | Y |
| O | N | S | E | T |
| M | O | N | T | H |
| S | H | O | U | T |
| T | H | R | O | W |
| | | | | |

Q W E R T Y U I O P
A S D F G H J K L
Z X C V B N M

**Puzzle 150**
Clue: claim

| | | | | |
|---|---|---|---|---|
| C | R | I | M | E |
| M | E | N | U | S |
| B | A | G | E | L |
| A | B | O | R | T |
| L | A | D | E | N |
| | | | | |

Q W E R T Y U I O P
A S D F G H J K L
Z X C V B N M

**Puzzle 151**
Clue:
dwelling

| | | | | |
|---|---|---|---|---|
| C | E | D | A | R |
| H | A | V | E | N |
| H | I | T | C | H |
| Y | E | A | H | S |
| S | H | A | P | E |
| | | | | |

Q W E R T Y U I O P
A S D F G H J K L
Z X C V B N M

**Puzzle 152**
Clue: happy

| | | | | |
|---|---|---|---|---|
| S | H | A | M | E |
| B | Y | T | E | S |
| P | A | R | T | Y |
| U | N | I | T | Y |
| J | O | Y | E | D |
| | | | | |

Q W E R T Y U I O P
A S D F G H J K L
Z X C V B N M

**Puzzle 153**
Clue:
direction

| M | A | L | E | S |
|---|---|---|---|---|
| B | R | O | K | E |
| F | R | A | U | D |
| T | O | N | E | R |
| I | N | T | R | O |
| | | | | |

Q W E R T Y U I O P
A S D F G H J K L
Z X C V B N M

**Puzzle 154**
Clue:
surprise

| E | N | T | R | Y |
|---|---|---|---|---|
| W | R | O | T | E |
| D | E | A | L | S |
| B | R | A | K | E |
| A | R | G | U | E |
| | | | | |

Q W E R T Y U I O P
A S D F G H J K L
Z X C V B N M

**Puzzle 155**
Clue: record

| | | | | |
|---|---|---|---|---|
| O | D | D | L | Y |
| S | O | L | V | E |
| A | L | T | E | R |
| O | C | H | R | E |
| T | R | E | A | T |
| | | | | |

Q W E R T Y U I O P
A S D F G H J K L
Z X C V B N M

**Puzzle 156**
Clue:
partner

| | | | | |
|---|---|---|---|---|
| E | I | G | H | T |
| F | A | F | F | S |
| C | A | R | D | S |
| S | P | R | A | Y |
| E | A | R | L | Y |
| | | | | |

Q W E R T Y U I O P
A S D F G H J K L
Z X C V B N M

**Puzzle 157**
Clue: fool

| | | | | |
|---|---|---|---|---|
| C | L | E | A | N |
| D | R | O | V | E |
| C | O | U | L | D |
| D | E | P | O | T |
| D | O | U | B | T |
| | | | | |

Q W E R T Y U I O P
A S D F G H J K L
Z X C V B N M

**Puzzle 158**
Clue: fluid

| | | | | |
|---|---|---|---|---|
| M | A | Y | O | R |
| D | R | O | P | S |
| A | D | O | P | T |
| C | L | O | U | D |
| C | O | U | L | D |
| | | | | |

Q W E R T Y U I O P
A S D F G H J K L
Z X C V B N M

**Puzzle 159**
Clue: while

| C | O | R | A | L |
|---|---|---|---|---|
| B | R | A | I | D |
| C | O | L | I | N |
| F | I | N | A | L |
| V | I | N | Y | L |
| | | | | |

Q W E R T Y U I O P
A S D F G H J K L
Z X C V B N M

**Puzzle 160**
Clue: link

| S | C | R | A | P |
|---|---|---|---|---|
| D | O | G | M | A |
| E | N | V | O | Y |
| Z | O | N | E | S |
| D | O | I | N | G |
| | | | | |

Q W E R T Y U I O P
A S D F G H J K L
Z X C V B N M

**Puzzle 161**
Clue: possible

| | | | | |
|---|---|---|---|---|
| M | O | U | T | H |
| M | I | X | E | D |
| M | O | D | A | L |
| M | E | A | L | S |
| O | M | E | G | A |
| | | | | |

Q W E R T Y U I O P
A S D F G H J K L
Z X C V B N M

**Puzzle 162**
Clue: cost

| | | | | |
|---|---|---|---|---|
| A | D | M | I | T |
| M | A | Y | O | R |
| T | A | K | E | S |
| R | A | N | G | E |
| W | H | A | L | E |
| | | | | |

Q W E R T Y U I O P
A S D F G H J K L
Z X C V B N M

**Puzzle 163**
Clue: sphere

| | | | | |
|---|---|---|---|---|
| R | A | D | I | O |
| M | A | N | O | R |
| C | I | S | C | O |
| T | H | O | N | G |
| B | L | O | G | S |
| | | | | |

Q W E R T Y U I O P
A S D F G H J K L
Z X C V B N M

**Puzzle 164**
Clue: gaze

| | | | | |
|---|---|---|---|---|
| L | E | M | O | N |
| D | O | D | G | E |
| A | Z | O | L | E |
| V | A | L | U | E |
| B | A | K | E | R |
| | | | | |

Q W E R T Y U I O P
A S D F G H J K L
Z X C V B N M

**Puzzle 165**
Clue: ping

| | | | | |
|---|---|---|---|---|
| B | L | U | B | S |
| M | I | X | E | D |
| T | A | R | R | Y |
| O | L | D | E | R |
| C | E | D | A | R |
| | | | | |

Q W E R T Y U I O P
A S D F G H J K L
Z X C V B N M

**Puzzle 166**
Clue: make

| | | | | |
|---|---|---|---|---|
| S | H | O | T | S |
| C | O | U | G | H |
| C | O | V | I | D |
| T | R | A | C | E |
| T | R | A | C | K |
| | | | | |

Q W E R T Y U I O P
A S D F G H J K L
Z X C V B N M

**Puzzle 167**
Clue: surprise

| | | | | |
|---|---|---|---|---|
| C | L | A | C | K |
| E | D | I | F | Y |
| F | E | R | N | Y |
| Q | U | E | S | T |
| T | U | N | E | S |
| | | | | |

Q W E R T Y U I O P
A S D F G H J K L
Z X C V B N M

**Puzzle 168**
Clue: deluge

| | | | | |
|---|---|---|---|---|
| P | A | R | K | S |
| O | R | B | I | T |
| S | H | O | R | T |
| B | O | X | E | D |
| C | O | U | L | D |
| | | | | |

Q W E R T Y U I O P
A S D F G H J K L
Z X C V B N M

**Puzzle 169**
Clue:
fastener

| | | | | |
|---|---|---|---|---|
| D | U | L | L | Y |
| R | A | T | I | O |
| L | A | R | G | E |
| B | O | R | E | D |
| P | U | R | S | E |
| | | | | |

Q W E R T Y U I O P
A S D F G H J K L
Z X C V B N M

**Puzzle 170**
Clue: concur

| | | | | |
|---|---|---|---|---|
| S | A | U | D | I |
| A | X | I | O | M |
| S | C | A | L | E |
| G | R | A | C | E |
| A | G | H | A | S |
| | | | | |

Q W E R T Y U I O P
A S D F G H J K L
Z X C V B N M

**Puzzle 171**
Clue:
redden

| | | | | |
|---|---|---|---|---|
| O | X | I | D | E |
| A | D | O | R | N |
| N | U | R | S | E |
| C | H | A | S | M |
| L | O | T | U | S |
| | | | | |

Q W E R T Y U I O P
A S D F G H J K L
Z X C V B N M

**Puzzle 172**
Clue: airy

| | | | | |
|---|---|---|---|---|
| H | E | I | S | T |
| C | O | U | L | D |
| L | E | M | O | N |
| P | I | L | O | T |
| H | I | L | T | S |
| | | | | |

Q W E R T Y U I O P
A S D F G H J K L
Z X C V B N M

**Puzzle 173**
Clue: bully

| | | | | |
|---|---|---|---|---|
| F | I | R | E | D |
| H | E | R | B | Y |
| L | U | X | E | S |
| S | P | E | N | T |
| P | A | S | T | E |
| | | | | |

Q W E R T Y U I O P
A S D F G H J K L
Z X C V B N M

**Puzzle 174**
Clue: digression

| | | | | |
|---|---|---|---|---|
| O | R | A | C | Y |
| W | H | E | A | T |
| B | A | K | E | R |
| V | E | G | A | S |
| S | L | A | V | E |
| | | | | |

Q W E R T Y U I O P
A S D F G H J K L
Z X C V B N M

**Puzzle 175**
Clue: foreign

| | | | | |
|---|---|---|---|---|
| P | O | P | P | Y |
| B | A | T | H | E |
| R | E | L | A | X |
| S | L | A | V | E |
| C | L | E | A | R |
| | | | | |

Q W E R T Y U I O P
A S D F G H J K L
Z X C V B N M

**Puzzle 176**
Clue: wide

| | | | | |
|---|---|---|---|---|
| U | N | I | T | S |
| O | U | G | H | T |
| R | O | C | K | Y |
| C | L | A | R | O |
| M | A | N | O | R |
| | | | | |

Q W E R T Y U I O P
A S D F G H J K L
Z X C V B N M

**Puzzle 177**
Clue: hollow

| | | | | |
|---|---|---|---|---|
| L | O | D | G | E |
| T | O | N | E | S |
| D | E | B | U | R |
| E | X | I | S | T |
| R | A | T | E | D |
| | | | | |

Q W E R T Y U I O P
A S D F G H J K L
Z X C V B N M

**Puzzle 178**
Clue: join

| | | | | |
|---|---|---|---|---|
| C | R | A | W | S |
| E | G | Y | P | T |
| D | E | B | U | T |
| Q | U | I | E | T |
| Q | U | I | T | E |
| | | | | |

Q W E R T Y U I O P
A S D F G H J K L
Z X C V B N M

**Puzzle 179**
Clue: online

| B | A | S | I | N |
|---|---|---|---|---|
| P | A | C | K | S |
| C | O | I | N | S |
| C | R | O | W | N |
| C | L | O | S | E |
| | | | | |

Q W E R T Y U I O P
A S D F G H J K L
Z X C V B N M

**Puzzle 180**
Clue: beside

| T | A | C | I | T |
|---|---|---|---|---|
| C | H | A | S | E |
| D | U | M | K | A |
| U | R | B | A | N |
| A | N | G | L | E |
| | | | | |

Q W E R T Y U I O P
A S D F G H J K L
Z X C V B N M

**Puzzle 181**
Clue: active

| | | | | |
|---|---|---|---|---|
| W | R | O | N | G |
| M | E | N | U | S |
| B | E | L | O | W |
| H | O | T | E | L |
| L | I | V | E | D |
| | | | | |

Q W E R T Y U I O P
A S D F G H J K L
Z X C V B N M

**Puzzle 182**
Clue:
renown

| | | | | |
|---|---|---|---|---|
| P | A | C | K | S |
| R | E | I | G | N |
| R | I | D | G | E |
| W | R | O | N | G |
| R | O | U | G | E |
| | | | | |

Q W E R T Y U I O P
A S D F G H J K L
Z X C V B N M

**Puzzle 183**
Clue: brush

| | | | | |
|---|---|---|---|---|
| R | A | C | K | S |
| F | L | U | S | H |
| L | O | U | I | S |
| S | T | R | U | M |
| B | A | S | E | D |
| | | | | |

Q W E R T Y U I O P
A S D F G H J K L
Z X C V B N M

**Puzzle 184**
Clue: now

| | | | | |
|---|---|---|---|---|
| K | I | T | H | E |
| T | R | A | C | K |
| T | A | K | E | S |
| N | A | S | T | Y |
| T | R | I | P | E |
| | | | | |

Q W E R T Y U I O P
A S D F G H J K L
Z X C V B N M

**Puzzle 185**
Clue: keen

| | | | | |
|---|---|---|---|---|
| D | E | B | U | T |
| T | R | I | E | S |
| P | E | A | R | L |
| L | A | Y | E | R |
| S | A | V | E | R |
| | | | | |

Q W E R T Y U I O P
A S D F G H J K L
Z X C V B N M

**Puzzle 186**
Clue:
massive

| | | | | |
|---|---|---|---|---|
| B | I | K | E | S |
| S | E | R | U | M |
| L | E | A | R | N |
| Y | U | R | T | S |
| C | E | D | A | R |
| | | | | |

Q W E R T Y U I O P
A S D F G H J K L
Z X C V B N M

**Puzzle 187**
Clue: sport

| | | | | |
|---|---|---|---|---|
| C | O | D | E | N |
| A | B | E | T | S |
| T | H | U | M | B |
| B | E | G | U | N |
| D | E | B | U | G |
| | | | | |

Q W E R T Y U I O P
A S D F G H J K L
Z X C V B N M

**Puzzle 188**
Clue:
examine

| | | | | |
|---|---|---|---|---|
| C | Y | M | A | E |
| N | A | S | T | Y |
| S | A | T | I | N |
| G | I | A | N | T |
| I | N | A | P | T |
| | | | | |

Q W E R T Y U I O P
A S D F G H J K L
Z X C V B N M

**Puzzle 189**
Clue: snow

| | | | | |
|---|---|---|---|---|
| A | G | E | N | T |
| S | T | A | M | P |
| A | C | U | T | E |
| S | I | X | T | H |
| Q | U | I | L | T |
| | | | | |

Q W E R T Y U I O P
A S D F G H J K L
Z X C V B N M

**Puzzle 190**
Clue: spread

| | | | | |
|---|---|---|---|---|
| D | O | R | K | Y |
| K | A | N | J | I |
| V | E | G | A | N |
| B | E | A | N | S |
| S | L | A | V | E |
| | | | | |

Q W E R T Y U I O P
A S D F G H J K L
Z X C V B N M

**Puzzle 191**
Clue: meat

| | | | | |
|---|---|---|---|---|
| D | E | B | U | T |
| B | Y | T | E | S |
| B | O | A | T | S |
| A | B | O | V | E |
| B | R | O | A | D |
| | | | | |

Q W E R T Y U I O P
A S D F G H J K L
Z X C V B N M

**Puzzle 192**
Clue: descent

| | | | | |
|---|---|---|---|---|
| N | E | W | L | Y |
| G | U | I | D | E |
| F | I | L | E | S |
| D | E | A | L | S |
| L | A | K | E | R |
| | | | | |

Q W E R T Y U I O P
A S D F G H J K L
Z X C V B N M

**Puzzle 193**
Clue: barrier

| | | | | |
|---|---|---|---|---|
| W | I | N | G | S |
| B | R | A | I | N |
| N | O | I | S | E |
| L | A | N | E | S |
| D | A | N | C | E |
| | | | | |

Q W E R T Y U I O P
A S D F G H J K L
Z X C V B N M

**Puzzle 194**
Clue: cool

| | | | | |
|---|---|---|---|---|
| M | O | D | E | L |
| L | I | V | E | D |
| P | I | L | O | T |
| W | E | N | C | H |
| L | Y | I | N | G |
| | | | | |

Q W E R T Y U I O P
A S D F G H J K L
Z X C V B N M

**Puzzle 195**
Clue: stamp

| | | | | |
|---|---|---|---|---|
| W | I | N | E | S |
| N | O | V | E | L |
| T | A | N | S | Y |
| Y | O | U | N | G |
| F | R | A | N | K |
| | | | | |

Q W E R T Y U I O P
A S D F G H J K L
Z X C V B N M

**Puzzle 196**
Clue: award

| | | | | |
|---|---|---|---|---|
| I | N | B | O | X |
| J | A | I | L | S |
| V | O | C | A | L |
| R | O | Y | A | L |
| C | A | M | E | L |
| | | | | |

Q W E R T Y U I O P
A S D F G H J K L
Z X C V B N M

**Puzzle 197**
Clue: stand

| | | | | |
|---|---|---|---|---|
| S | H | O | C | K |
| H | O | U | N | D |
| D | R | U | G | S |
| P | A | R | T | Y |
| B | E | A | R | S |
| | | | | |

Q W E R T Y U I O P
A S D F G H J K L
Z X C V B N M

**Puzzle 198**
Clue: news

| | | | | |
|---|---|---|---|---|
| Y | O | U | T | H |
| K | I | N | D | S |
| A | U | D | I | O |
| R | A | D | I | O |
| D | I | V | A | S |
| | | | | |

Q W E R T Y U I O P
A S D F G H J K L
Z X C V B N M

**Puzzle 199**
Clue: bird

| | | | | |
|---|---|---|---|---|
| L | U | C | K | Y |
| W | H | I | L | E |
| T | R | A | I | L |
| S | A | L | V | E |
| P | L | A | C | E |
| | | | | |

Q W E R T Y U I O P
A S D F G H J K L
Z X C V B N M

**Puzzle 200**
Clue: sheer

| | | | | |
|---|---|---|---|---|
| A | L | I | V | E |
| W | A | L | E | S |
| N | A | M | E | S |
| F | L | E | S | H |
| A | S | P | E | N |
| | | | | |

Q W E R T Y U I O P
A S D F G H J K L
Z X C V B N M

**Puzzle 201**
Clue:
fashion

| | | | | |
|---|---|---|---|---|
| S | H | O | W | N |
| F | E | A | R | S |
| S | I | N | C | E |
| U | S | A | G | E |
| S | P | E | N | T |
| | | | | |

Q W E R T Y U I O P
A S D F G H J K L
Z X C V B N M

**Puzzle 202**
Clue: chivvy

| | | | | |
|---|---|---|---|---|
| B | A | L | S | A |
| B | R | A | K | E |
| R | A | T | I | O |
| G | R | A | N | D |
| A | C | R | E | S |
| | | | | |

Q W E R T Y U I O P
A S D F G H J K L
Z X C V B N M

**Puzzle 203**
Clue: bone

| G | I | B | E | S |
|---|---|---|---|---|
| K | A | Y | A | K |
| R | H | Y | M | E |
| H | A | W | E | D |
| N | E | A | T | H |
| | | | | |

Q W E R T Y U I O P
A S D F G H J K L
Z X C V B N M

**Puzzle 204**
Clue:
malicious

| S | O | A | P | Y |
|---|---|---|---|---|
| C | A | N | T | S |
| W | I | N | C | H |
| D | U | C | K | S |
| G | R | U | F | F |
| | | | | |

Q W E R T Y U I O P
A S D F G H J K L
Z X C V B N M

MEDIUM

**Puzzle 205**
Clue:
distress

| | | | | |
|---|---|---|---|---|
| C | O | Y | P | U |
| G | U | L | P | Y |
| L | E | G | I | T |
| D | A | H | L | S |
| B | R | A | W | L |
| | | | | |

Q W E R T Y U I O P
A S D F G H J K L
Z X C V B N M

**Puzzle 206**
Clue:
gathering

| | | | | |
|---|---|---|---|---|
| O | V | U | L | E |
| W | H | I | M | S |
| D | I | C | T | A |
| K | R | A | I | T |
| T | A | N | G | Y |
| | | | | |

Q W E R T Y U I O P
A S D F G H J K L
Z X C V B N M

**Puzzle 207**
Clue: mark

| | | | | |
|---|---|---|---|---|
| O | P | I | U | M |
| G | U | N | K | S |
| N | I | G | H | T |
| J | U | G | A | L |
| E | G | A | D | S |
| | | | | |

Q W E R T Y U I O P
A S D F G H J K L
Z X C V B N M

**Puzzle 208**
Clue:
accurate

| | | | | |
|---|---|---|---|---|
| A | B | Y | S | S |
| T | A | C | K | Y |
| B | O | A | T | S |
| M | U | S | T | H |
| N | I | G | E | R |
| | | | | |

Q W E R T Y U I O P
A S D F G H J K L
Z X C V B N M

**Puzzle 209**
Clue:
analysis

| | | | | |
|---|---|---|---|---|
| V | I | P | E | R |
| A | D | D | L | E |
| M | A | R | V | Y |
| B | U | L | K | Y |
| S | O | Y | U | Z |
| | | | | |

Q W E R T Y U I O P
A S D F G H J K L
Z X C V B N M

**Puzzle 210**
Clue: funny

| | | | | |
|---|---|---|---|---|
| B | U | N | Y | A |
| B | I | L | G | Y |
| S | E | R | I | N |
| W | I | N | C | H |
| O | P | T | I | C |
| | | | | |

Q W E R T Y U I O P
A S D F G H J K L
Z X C V B N M

**Puzzle 211**
Clue: plank

| | | | | |
|---|---|---|---|---|
| S | U | I | T | E |
| L | A | X | E | S |
| G | L | E | A | N |
| Z | A | R | F | S |
| S | H | A | R | P |
| | | | | |

Q W E R T Y U I O P
A S D F G H J K L
Z X C V B N M

**Puzzle 212**
Clue: bird

| | | | | |
|---|---|---|---|---|
| H | A | U | N | T |
| Y | U | M | M | Y |
| W | R | I | T | E |
| C | E | O | R | L |
| M | O | D | E | S |
| | | | | |

Q W E R T Y U I O P
A S D F G H J K L
Z X C V B N M

**Puzzle 213**
Clue:
prepare

| | | | | |
|---|---|---|---|---|
| H | O | O | C | H |
| S | A | U | D | I |
| K | I | N | D | A |
| D | A | I | L | Y |
| B | A | D | L | Y |
| | | | | |

Q W E R T Y U I O P
A S D F G H J K L
Z X C V B N M

**Puzzle 214**
Clue: piece

| | | | | |
|---|---|---|---|---|
| A | V | O | I | D |
| F | L | Y | B | Y |
| H | I | V | E | D |
| R | O | U | G | H |
| S | H | R | U | B |
| | | | | |

Q W E R T Y U I O P
A S D F G H J K L
Z X C V B N M

**Puzzle 215**
Clue: test

| | | | | |
|---|---|---|---|---|
| N | O | T | E | D |
| C | A | P | U | T |
| A | X | I | T | E |
| V | I | S | T | A |
| R | A | T | I | O |
| | | | | |

Q W E R T Y U I O P
A S D F G H J K L
Z X C V B N M

**Puzzle 216**
Clue: force

| | | | | |
|---|---|---|---|---|
| S | O | U | P | Y |
| R | U | N | T | S |
| S | C | A | N | T |
| M | I | M | E | D |
| D | O | M | I | C |
| | | | | |

Q W E R T Y U I O P
A S D F G H J K L
Z X C V B N M

MEDIUM

**Puzzle 217**
Clue: save

| | | | | |
|---|---|---|---|---|
| L | A | Y | U | P |
| B | U | R | K | A |
| M | U | D | R | A |
| C | R | A | F | T |
| T | I | R | L | S |
| | | | | |

Q W E R T Y U I O P
A S D F G H J K L
Z X C V B N M

**Puzzle 218**
Clue: firm

| | | | | |
|---|---|---|---|---|
| Z | A | I | R | E |
| C | H | O | M | P |
| G | A | G | E | D |
| T | O | K | A | Y |
| B | O | X | E | S |
| | | | | |

Q W E R T Y U I O P
A S D F G H J K L
Z X C V B N M

**Puzzle 219**
Clue:
examine

| A | T | O | M | Y |
|---|---|---|---|---|
| C | R | A | F | T |
| C | U | R | L | S |
| Z | I | L | C | H |
| C | H | O | M | P |
| | | | | |

Q W E R T Y U I O P
A S D F G H J K L
Z X C V B N M

**Puzzle 220**
Clue: plot

| I | L | E | U | M |
|---|---|---|---|---|
| M | E | T | R | O |
| T | R | U | N | K |
| B | U | R | S | A |
| G | E | R | A | H |
| | | | | |

Q W E R T Y U I O P
A S D F G H J K L
Z X C V B N M

MEDIUM

**Puzzle 221**
Clue: wood

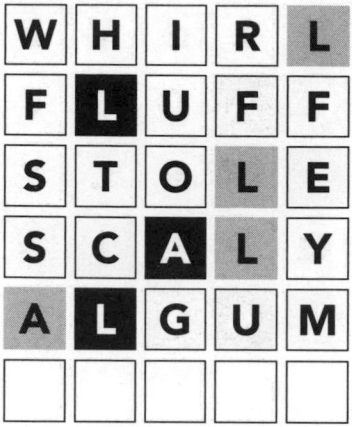


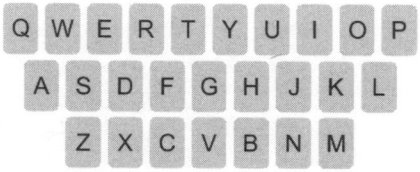


**Puzzle 222**
Clue:
oblivious

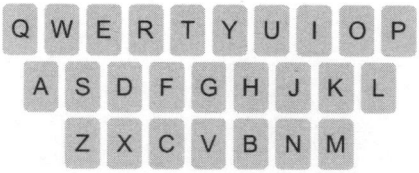

**Puzzle 223**
Clue: strict

| | | | | |
|---|---|---|---|---|
| O | L | I | V | E |
| B | A | D | G | E |
| A | M | P | L | Y |
| Q | U | A | I | S |
| T | A | R | O | T |
| | | | | |

Q W E R T Y U I O P
A S D F G H J K L
Z X C V B N M

**Puzzle 224**
Clue:
enhance

| | | | | |
|---|---|---|---|---|
| I | N | L | A | Y |
| R | A | Z | E | D |
| M | E | W | L | S |
| D | U | R | S | T |
| E | T | H | O | S |
| | | | | |

Q W E R T Y U I O P
A S D F G H J K L
Z X C V B N M

MEDIUM

**Puzzle 225**
Clue: exclusive

| | | | | |
|---|---|---|---|---|
| W | A | N | E | Y |
| V | O | I | L | E |
| E | R | G | O | T |
| B | R | O | C | K |
| S | T | O | U | R |
| | | | | |

Q W E R T Y U I O P
A S D F G H J K L
Z X C V B N M

**Puzzle 226**
Clue: place

| | | | | |
|---|---|---|---|---|
| G | R | O | I | N |
| W | I | N | D | Y |
| A | W | F | U | L |
| E | M | O | T | E |
| C | R | E | W | S |
| | | | | |

Q W E R T Y U I O P
A S D F G H J K L
Z X C V B N M

**Puzzle 227**
Clue:
warehouse

| | | | | |
|---|---|---|---|---|
| S | U | X | I | N |
| G | A | I | N | S |
| H | E | I | R | S |
| F | E | L | O | N |
| C | O | A | S | T |
| | | | | |

Q W E R T Y U I O P
A S D F G H J K L
Z X C V B N M

**Puzzle 228**
Clue: empty

| | | | | |
|---|---|---|---|---|
| B | O | U | L | E |
| J | A | D | E | D |
| B | O | Y | L | A |
| T | O | R | A | S |
| A | C | O | R | N |
| | | | | |

Q W E R T Y U I O P
A S D F G H J K L
Z X C V B N M

MEDIUM

**Puzzle 229**
Clue: feel

| | | | | |
|---|---|---|---|---|
| F | I | N | A | L |
| A | N | G | L | E |
| C | A | N | D | Y |
| A | C | U | T | E |
| C | H | U | C | K |
| | | | | |

Q W E R T Y U I O P
A S D F G H J K L
Z X C V B N M

**Puzzle 230**
Clue:
solemn

| | | | | |
|---|---|---|---|---|
| Y | U | P | O | N |
| J | I | V | E | Y |
| P | L | A | I | D |
| M | A | R | L | S |
| D | E | W | A | X |
| | | | | |

Q W E R T Y U I O P
A S D F G H J K L
Z X C V B N M

**Puzzle 231**
Clue: cloth

| | | | | |
|---|---|---|---|---|
| S | A | U | R | Y |
| G | I | B | E | S |
| S | C | E | N | D |
| E | M | P | T | Y |
| D | W | E | L | T |
| | | | | |

Q W E R T Y U I O P
A S D F G H J K L
Z X C V B N M

**Puzzle 232**
Clue: chip

| | | | | |
|---|---|---|---|---|
| G | U | I | R | O |
| U | M | I | A | Q |
| S | W | A | M | P |
| V | I | T | A | E |
| B | E | A | N | S |
| | | | | |

Q W E R T Y U I O P
A S D F G H J K L
Z X C V B N M

**Puzzle 233**
Clue: supply

| | | | | |
|---|---|---|---|---|
| N | O | W | A | Y |
| M | A | F | I | C |
| G | R | A | I | L |
| B | U | I | L | D |
| Q | U | O | T | E |
| | | | | |

Q W E R T Y U I O P
A S D F G H J K L
Z X C V B N M

**Puzzle 234**
Clue:
courage

| | | | | |
|---|---|---|---|---|
| B | U | O | Y | S |
| F | L | U | M | E |
| Z | O | N | E | S |
| N | A | R | I | C |
| H | E | U | G | H |
| | | | | |

Q W E R T Y U I O P
A S D F G H J K L
Z X C V B N M

**Puzzle 235**
Clue:
homeless

| | | | | |
|---|---|---|---|---|
| S | C | O | F | F |
| C | H | Y | L | E |
| D | U | N | G | Y |
| P | E | R | K | Y |
| C | R | A | P | S |
| | | | | |

Q W E R T Y U I O P
A S D F G H J K L
Z X C V B N M

**Puzzle 236**
Clue:
entrance

| | | | | |
|---|---|---|---|---|
| A | B | I | D | E |
| S | L | A | B | S |
| A | C | Y | L | S |
| W | A | T | C | H |
| R | A | N | C | H |
| | | | | |

Q W E R T Y U I O P
A S D F G H J K L
Z X C V B N M

MEDIUM

**Puzzle 237**
Clue: tag

| | | | | |
|---|---|---|---|---|
| C | U | R | I | O |
| D | R | O | W | N |
| R | O | W | E | L |
| P | A | Y | E | D |
| E | X | A | C | T |
| | | | | |

Q W E R T Y U I O P
A S D F G H J K L
Z X C V B N M

**Puzzle 238**
Clue:
number

| | | | | |
|---|---|---|---|---|
| M | I | A | U | L |
| T | E | M | P | O |
| C | O | R | A | L |
| T | O | L | E | S |
| B | O | D | E | D |
| | | | | |

Q W E R T Y U I O P
A S D F G H J K L
Z X C V B N M

**Puzzle 239**
Clue:
worried

| H | O | A | G | Y |
|---|---|---|---|---|
| B | R | O | C | K |
| D | E | F | O | G |
| G | I | V | E | N |
| P | E | N | D | S |
| | | | | |

Q W E R T Y U I O P
A S D F G H J K L
Z X C V B N M

**Puzzle 240**
Clue: guts

| R | A | C | K | S |
|---|---|---|---|---|
| S | W | A | R | T |
| W | R | O | T | E |
| O | M | B | R | E |
| A | N | O | D | E |
| | | | | |

Q W E R T Y U I O P
A S D F G H J K L
Z X C V B N M

MEDIUM

**Puzzle 241**
Clue: subject

| | | | | |
|---|---|---|---|---|
| H | O | U | S | E |
| B | E | L | C | H |
| M | I | L | D | S |
| F | I | X | E | R |
| P | Y | O | I | D |
| | | | | |

Q W E R T Y U I O P
A S D F G H J K L
Z X C V B N M

**Puzzle 242**
Clue: rough

| | | | | |
|---|---|---|---|---|
| O | H | I | A | S |
| S | L | A | I | N |
| H | A | N | G | S |
| F | R | E | R | E |
| D | R | O | O | P |
| | | | | |

Q W E R T Y U I O P
A S D F G H J K L
Z X C V B N M

**Puzzle 243**
Clue: grind

| | | | | |
|---|---|---|---|---|
| G | Y | O | Z | A |
| V | I | R | T | U |
| K | I | L | O | S |
| A | C | T | O | R |
| A | M | I | C | E |
| | | | | |

Q W E R T Y U I O P
A S D F G H J K L
Z X C V B N M

**Puzzle 244**
Clue: end

| | | | | |
|---|---|---|---|---|
| Y | O | N | I | S |
| C | R | O | N | Y |
| D | O | R | K | S |
| D | O | U | G | H |
| E | P | H | O | D |
| | | | | |

Q W E R T Y U I O P
A S D F G H J K L
Z X C V B N M

MEDIUM

**Puzzle 245**
Clue:
transport

| | | | | |
|---|---|---|---|---|
| A | C | I | D | Y |
| B | O | L | D | S |
| D | H | O | B | I |
| U | N | F | E | D |
| O | M | B | R | E |
| | | | | |

Q W E R T Y U I O P
A S D F G H J K L
Z X C V B N M

**Puzzle 246**
Clue: digger

| | | | | |
|---|---|---|---|---|
| L | O | U | S | Y |
| C | H | U | M | P |
| P | Y | X | I | S |
| F | E | T | I | D |
| K | I | E | R | S |
| | | | | |

Q W E R T Y U I O P
A S D F G H J K L
Z X C V B N M

**Puzzle 247**
Clue: pole

| | | | | |
|---|---|---|---|---|
| Y | O | D | E | L |
| V | I | V | A | S |
| M | E | S | H | Y |
| T | R | A | W | L |
| E | T | A | P | E |
| | | | | |

Q W E R T Y U I O P
A S D F G H J K L
Z X C V B N M

**Puzzle 248**
Clue: extra

| | | | | |
|---|---|---|---|---|
| L | I | V | E | S |
| G | A | M | U | T |
| S | Q | U | A | D |
| S | Y | N | O | D |
| S | H | E | I | K |
| | | | | |

Q W E R T Y U I O P
A S D F G H J K L
Z X C V B N M

**Puzzle 249**
Clue: covering

| | | | | |
|---|---|---|---|---|
| A | X | I | O | M |
| W | R | O | T | H |
| T | H | R | I | P |
| R | U | S | H | Y |
| H | A | Z | E | S |
| | | | | |

Q W E R T Y U I O P
A S D F G H J K L
Z X C V B N M

**Puzzle 250**
Clue: icon

| | | | | |
|---|---|---|---|---|
| U | N | C | O | Y |
| B | O | W | S | E |
| G | R | U | M | P |
| R | I | T | E | S |
| A | S | I | D | E |
| | | | | |

Q W E R T Y U I O P
A S D F G H J K L
Z X C V B N M

**Puzzle 251**
Clue:
comfort

| | | | | |
|---|---|---|---|---|
| N | A | S | T | Y |
| F | E | M | U | R |
| R | I | D | E | S |
| B | U | Y | E | R |
| O | W | N | E | R |
| | | | | |

Q W E R T Y U I O P
A S D F G H J K L
Z X C V B N M

**Puzzle 252**
Clue: raw

| | | | | |
|---|---|---|---|---|
| C | O | A | L | Y |
| J | O | U | A | L |
| H | E | A | R | T |
| P | R | U | N | E |
| M | O | W | E | R |
| | | | | |

Q W E R T Y U I O P
A S D F G H J K L
Z X C V B N M

**Puzzle 253**
Clue: snack

| | | | | |
|---|---|---|---|---|
| A | S | K | E | D |
| B | E | B | O | P |
| L | O | W | E | R |
| P | R | O | N | E |
| T | U | R | N | S |
| | | | | |

Q W E R T Y U I O P
A S D F G H J K L
Z X C V B N M

**Puzzle 254**
Clue: cause

| | | | | |
|---|---|---|---|---|
| Y | O | K | E | S |
| S | T | O | N | Y |
| U | N | I | O | N |
| N | U | M | B | S |
| A | C | N | E | D |
| | | | | |

Q W E R T Y U I O P
A S D F G H J K L
Z X C V B N M

**Puzzle 255**
Clue: heap

| A | R | I | S | E |
|---|---|---|---|---|
| T | O | W | N | Y |
| B | O | A | R | T |
| C | L | O | V | E |
| H | O | L | D | S |
| | | | | |

Q W E R T Y U I O P
A S D F G H J K L
Z X C V B N M

**Puzzle 256**
Clue: slight

| R | E | I | F | Y |
|---|---|---|---|---|
| N | U | B | I | A |
| C | R | A | V | E |
| G | A | W | K | Y |
| M | O | A | T | S |
| | | | | |

Q W E R T Y U I O P
A S D F G H J K L
Z X C V B N M

MEDIUM

**Puzzle 257**
Clue:
influence

| | | | | |
|---|---|---|---|---|
| R | A | I | S | E |
| F | A | R | E | D |
| Z | E | B | U | S |
| B | O | I | N | G |
| B | L | O | W | N |
| | | | | |

Q W E R T Y U I O P
A S D F G H J K L
Z X C V B N M

**Puzzle 258**
Clue:
suggest

| | | | | |
|---|---|---|---|---|
| S | A | T | I | N |
| C | A | B | L | E |
| L | E | A | R | N |
| F | R | E | S | H |
| F | O | R | C | E |
| | | | | |

Q W E R T Y U I O P
A S D F G H J K L
Z X C V B N M

**Puzzle 259**
Clue: time

| | | | | |
|---|---|---|---|---|
| S | A | U | R | Y |
| C | R | A | S | H |
| S | H | R | U | B |
| H | O | S | E | D |
| W | H | E | A | T |
| | | | | |

Q W E R T Y U I O P
A S D F G H J K L
Z X C V B N M

**Puzzle 260**
Clue:
discord

| | | | | |
|---|---|---|---|---|
| T | R | I | E | S |
| E | V | I | L | S |
| P | L | O | T | S |
| H | O | M | E | S |
| S | H | O | C | K |
| | | | | |

Q W E R T Y U I O P
A S D F G H J K L
Z X C V B N M

**Puzzle 261**
Clue: after

| | | | | |
|---|---|---|---|---|
| L | U | M | P | Y |
| R | A | B | I | D |
| V | I | V | A | T |
| L | I | N | G | O |
| C | L | I | N | K |
| | | | | |

Q W E R T Y U I O P
A S D F G H J K L
Z X C V B N M

**Puzzle 262**
Clue: hush

| | | | | |
|---|---|---|---|---|
| C | L | O | Y | S |
| P | L | A | N | S |
| B | L | I | N | K |
| D | E | I | G | N |
| G | R | I | E | F |
| | | | | |

Q W E R T Y U I O P
A S D F G H J K L
Z X C V B N M

**Puzzle 263**
Clue: huge

| B | I | K | E | S |
|---|---|---|---|---|
| T | A | R | O | T |
| B | E | A | N | S |
| G | R | A | D | E |
| H | E | A | V | Y |
| | | | | |

Q W E R T Y U I O P
A S D F G H J K L
Z X C V B N M

**Puzzle 264**
Clue: gift

| S | H | A | P | E |
|---|---|---|---|---|
| S | P | E | N | T |
| R | A | K | E | S |
| J | O | H | N | S |
| M | O | D | E | M |
| | | | | |

Q W E R T Y U I O P
A S D F G H J K L
Z X C V B N M

MEDIUM

**Puzzle 265**
Clue: door

| | | | | |
|---|---|---|---|---|
| F | I | N | A | L |
| A | M | E | N | D |
| D | E | A | L | S |
| A | C | U | T | E |
| E | X | A | C | T |
| | | | | |

Q W E R T Y U I O P
A S D F G H J K L
Z X C V B N M

**Puzzle 266**
Clue:
indulge

| | | | | |
|---|---|---|---|---|
| B | O | X | E | D |
| S | C | O | P | E |
| S | L | A | M | S |
| E | N | T | R | Y |
| L | I | G | E | R |
| | | | | |

Q W E R T Y U I O P
A S D F G H J K L
Z X C V B N M

**Puzzle 267**
Clue: young

| | | | | |
|---|---|---|---|---|
| A | D | A | P | T |
| S | I | N | C | E |
| C | R | E | A | K |
| L | O | G | I | C |
| C | O | L | T | S |
| | | | | |

Q W E R T Y U I O P
A S D F G H J K L
Z X C V B N M

**Puzzle 268**
Clue: know

| | | | | |
|---|---|---|---|---|
| D | E | L | H | I |
| N | I | G | H | T |
| H | E | N | R | Y |
| F | O | R | G | E |
| M | E | T | R | O |
| | | | | |

Q W E R T Y U I O P
A S D F G H J K L
Z X C V B N M

**Puzzle 269**
Clue: resin

| | | | | |
|---|---|---|---|---|
| G | U | I | D | E |
| D | A | T | E | S |
| P | L | A | C | E |
| H | A | V | E | N |
| B | R | A | K | E |
| | | | | |

Q W E R T Y U I O P
A S D F G H J K L
Z X C V B N M

**Puzzle 270**
Clue: flash

| | | | | |
|---|---|---|---|---|
| T | I | M | E | D |
| H | Y | D | R | A |
| W | I | L | E | Y |
| T | O | D | A | Y |
| A | G | O | N | Y |
| | | | | |

Q W E R T Y U I O P
A S D F G H J K L
Z X C V B N M

**Puzzle 271**
Clue: snap

| R | E | A | D | S |
|---|---|---|---|---|
| O | X | I | D | E |
| L | O | G | I | C |
| C | L | O | U | T |
| C | H | I | M | P |
| | | | | |

Q W E R T Y U I O P
A S D F G H J K L
Z X C V B N M

**Puzzle 272**
Clue:
terminal

| P | R | I | N | K |
|---|---|---|---|---|
| T | H | R | O | W |
| B | L | O | A | T |
| P | A | T | C | H |
| G | A | T | E | S |
| | | | | |

Q W E R T Y U I O P
A S D F G H J K L
Z X C V B N M

MEDIUM

**Puzzle 273**
Clue: base

| | | | | |
|---|---|---|---|---|
| A | M | O | N | G |
| C | O | R | P | S |
| S | T | O | R | E |
| R | O | U | N | D |
| R | O | Y | A | L |
| | | | | |

Q W E R T Y U I O P
A S D F G H J K L
Z X C V B N M

**Puzzle 274**
Clue: step

| | | | | |
|---|---|---|---|---|
| H | I | T | C | H |
| J | O | I | N | T |
| P | L | A | N | E |
| M | E | T | A | L |
| B | E | A | S | T |
| | | | | |

Q W E R T Y U I O P
A S D F G H J K L
Z X C V B N M

**Puzzle 275**
Clue: prong

| | | | | |
|---|---|---|---|---|
| K | N | O | W | S |
| G | A | I | N | S |
| N | O | I | S | E |
| B | L | O | N | D |
| F | O | R | T | Y |
| | | | | |

Q W E R T Y U I O P
A S D F G H J K L
Z X C V B N M

**Puzzle 276**
Clue: border

| | | | | |
|---|---|---|---|---|
| T | H | I | E | F |
| J | A | U | N | T |
| R | A | D | I | O |
| G | R | A | N | D |
| S | M | A | R | T |
| | | | | |

Q W E R T Y U I O P
A S D F G H J K L
Z X C V B N M

MEDIUM

**Puzzle 277**
Clue: cut

| | | | | |
|---|---|---|---|---|
| P | L | A | I | N |
| Y | O | B | B | Y |
| F | L | A | S | H |
| S | H | I | R | T |
| S | C | R | E | W |
| | | | | |

Q W E R T Y U I O P
A S D F G H J K L
Z X C V B N M

**Puzzle 278**
Clue: row

| | | | | |
|---|---|---|---|---|
| N | E | V | E | R |
| K | N | O | T | S |
| W | R | I | T | E |
| V | I | S | T | A |
| K | I | T | H | E |
| | | | | |

Q W E R T Y U I O P
A S D F G H J K L
Z X C V B N M

**Puzzle 279**
Clue: lordly

| | | | | |
|---|---|---|---|---|
| W | H | O | S | E |
| L | U | R | C | H |
| K | A | B | O | B |
| F | O | U | L | S |
| V | O | C | A | L |
| | | | | |

Q W E R T Y U I O P
A S D F G H J K L
Z X C V B N M

**Puzzle 280**
Clue: seat

| | | | | |
|---|---|---|---|---|
| V | A | L | I | D |
| F | I | E | R | Y |
| B | A | D | G | E |
| B | L | O | G | S |
| B | A | C | O | N |
| | | | | |

Q W E R T Y U I O P
A S D F G H J K L
Z X C V B N M

**Puzzle 281**
Clue: drink

| | | | | |
|---|---|---|---|---|
| F | I | B | R | E |
| W | R | A | T | H |
| K | I | L | N | S |
| T | U | N | E | S |
| L | O | A | M | Y |
| | | | | |

Q W E R T Y U I O P
A S D F G H J K L
Z X C V B N M

**Puzzle 282**
Clue: layer

| | | | | |
|---|---|---|---|---|
| B | U | N | C | H |
| H | A | V | E | N |
| K | I | T | H | E |
| H | E | A | R | T |
| E | I | G | H | T |
| | | | | |

Q W E R T Y U I O P
A S D F G H J K L
Z X C V B N M

**Puzzle 283**
Clue: call

| M | E | A | N | T |
|---|---|---|---|---|
| O | F | T | E | N |
| T | O | K | E | N |
| O | U | G | H | T |
| M | O | U | T | H |
| | | | | |

Q W E R T Y U I O P
A S D F G H J K L
Z X C V B N M

**Puzzle 284**
Clue: colour

| A | R | M | E | D |
|---|---|---|---|---|
| E | X | A | M | S |
| G | R | A | D | E |
| U | R | B | A | N |
| C | H | I | N | K |
| | | | | |

Q W E R T Y U I O P
A S D F G H J K L
Z X C V B N M

MEDIUM

**Puzzle 285**
Clue: mark

| | | | | |
|---|---|---|---|---|
| R | U | L | E | R |
| S | O | I | L | S |
| L | A | N | C | E |
| C | L | U | B | S |
| C | A | M | E | L |
| | | | | |

Q W E R T Y U I O P
A S D F G H J K L
Z X C V B N M

**Puzzle 286**
Clue: best

| | | | | |
|---|---|---|---|---|
| L | I | G | H | T |
| Y | O | U | T | H |
| K | I | C | K | Y |
| C | O | R | P | S |
| C | E | D | A | R |
| | | | | |

Q W E R T Y U I O P
A S D F G H J K L
Z X C V B N M

**Puzzle 287**
Clue: grass

| | | | | |
|---|---|---|---|---|
| R | O | U | N | D |
| C | H | E | A | P |
| L | E | A | R | N |
| B | A | K | E | S |
| C | A | G | E | Y |
| | | | | |

Q W E R T Y U I O P
A S D F G H J K L
Z X C V B N M

**Puzzle 288**
Clue: repeat

| | | | | |
|---|---|---|---|---|
| M | A | Y | O | R |
| H | E | A | R | T |
| C | H | A | R | M |
| S | P | A | N | K |
| L | I | N | E | S |
| | | | | |

Q W E R T Y U I O P
A S D F G H J K L
Z X C V B N M

MEDIUM

**Puzzle 289**
Clue: away

| | | | | |
|---|---|---|---|---|
| H | I | N | D | S |
| T | R | A | I | L |
| C | O | M | M | A |
| S | O | U | N | D |
| J | O | I | N | T |
| | | | | |

Q W E R T Y U I O P
A S D F G H J K L
Z X C V B N M

**Puzzle 290**
Clue: period

| | | | | |
|---|---|---|---|---|
| C | A | R | O | L |
| A | V | E | N | S |
| S | L | A | I | N |
| C | A | U | S | E |
| U | S | A | G | E |
| | | | | |

Q W E R T Y U I O P
A S D F G H J K L
Z X C V B N M

**Puzzle 291**
Clue: loss

| T | H | R | O | W |
|---|---|---|---|---|
| C | E | D | A | R |
| P | R | O | V | E |
| A | M | B | E | R |
| L | E | A | F | Y |
| | | | | |

Q W E R T Y U I O P
A S D F G H J K L
Z X C V B N M

**Puzzle 292**
Clue: sink

| W | R | O | T | E |
|---|---|---|---|---|
| F | O | C | A | L |
| P | L | A | N | E |
| M | A | S | O | N |
| S | A | I | N | T |
| | | | | |

Q W E R T Y U I O P
A S D F G H J K L
Z X C V B N M

MEDIUM

**Puzzle 293**
Clue: mad

| | | | | |
|---|---|---|---|---|
| T | A | R | D | Y |
| R | O | G | U | E |
| D | R | A | F | F |
| M | A | R | K | S |
| T | R | I | P | S |
| | | | | |

Q W E R T Y U I O P
A S D F G H J K L
Z X C V B N M

**Puzzle 294**
Clue: aha

| | | | | |
|---|---|---|---|---|
| D | W | E | L | T |
| S | C | U | R | F |
| A | L | D | E | R |
| H | O | C | K | S |
| B | R | O | W | N |
| | | | | |

Q W E R T Y U I O P
A S D F G H J K L
Z X C V B N M

**Puzzle 295**
Clue: shafts

| | | | | |
|---|---|---|---|---|
| V | O | C | A | L |
| L | I | N | E | D |
| I | D | E | A | L |
| W | H | I | L | E |
| W | H | E | L | K |
| | | | | |

Q W E R T Y U I O P
A S D F G H J K L
Z X C V B N M

**Puzzle 296**
Clue:
measure

| | | | | |
|---|---|---|---|---|
| N | O | T | R | E |
| C | O | U | L | D |
| C | R | I | M | E |
| L | O | U | I | S |
| R | O | U | G | H |
| | | | | |

Q W E R T Y U I O P
A S D F G H J K L
Z X C V B N M

MEDIUM

**Puzzle 297**
Clue:
number

| | | | | |
|---|---|---|---|---|
| P | I | L | O | T |
| M | U | S | Y | Y |
| A | C | R | E | S |
| H | A | T | E | D |
| S | A | G | A | S |
| | | | | |

Q W E R T Y U I O P
A S D F G H J K L
Z X C V B N M

**Puzzle 298**
Clue:
compile

| | | | | |
|---|---|---|---|---|
| P | H | O | N | E |
| K | I | T | E | S |
| J | O | I | N | T |
| F | I | R | E | S |
| C | L | A | I | M |
| | | | | |

Q W E R T Y U I O P
A S D F G H J K L
Z X C V B N M

**Puzzle 299**
Clue: hill

| | | | | |
|---|---|---|---|---|
| S | H | A | P | E |
| F | I | R | S | T |
| M | E | A | D | S |
| J | I | B | E | D |
| D | R | O | I | D |
| | | | | |

Q W E R T Y U I O P
A S D F G H J K L
Z X C V B N M

**Puzzle 300**
Clue: cook

| | | | | |
|---|---|---|---|---|
| N | O | I | S | E |
| Y | O | U | R | S |
| E | V | I | L | S |
| T | H | U | M | B |
| B | A | C | O | N |
| | | | | |

Q W E R T Y U I O P
A S D F G H J K L
Z X C V B N M

MEDIUM

**Puzzle 301**
Clue: repair

| | | | | |
|---|---|---|---|---|
| E | N | O | K | I |
| H | E | I | R | S |
| H | O | U | S | E |
| B | H | A | N | G |
| M | A | C | H | E |
| | | | | |

Q W E R T Y U I O P
A S D F G H J K L
Z X C V B N M

**Puzzle 302**
Clue: grown

| | | | | |
|---|---|---|---|---|
| R | E | I | F | Y |
| C | A | R | O | L |
| C | L | O | M | P |
| L | A | R | K | S |
| B | L | O | A | T |
| | | | | |

Q W E R T Y U I O P
A S D F G H J K L
Z X C V B N M

**Puzzle 303**
Clue:
uproar

| M | O | G | U | L |
|---|---|---|---|---|
| B | A | W | D | S |
| J | E | R | K | Y |
| C | L | I | F | F |
| T | I | G | E | R |
| | | | | |

Q W E R T Y U I O P
A S D F G H J K L
Z X C V B N M

**Puzzle 304**
Clue:
penalised

| G | A | S | S | Y |
|---|---|---|---|---|
| S | C | O | W | L |
| C | H | A | R | M |
| F | A | Q | I | R |
| B | R | I | E | F |
| | | | | |

Q W E R T Y U I O P
A S D F G H J K L
Z X C V B N M

MEDIUM

**Puzzle 305**
Clue:
mammal

| M | O | U | N | T |
|---|---|---|---|---|
| D | A | S | H | I |
| P | R | A | Y | S |
| F | R | E | A | K |
| R | A | T | E | D |
| | | | | |

Q W E R T Y U I O P
A S D F G H J K L
Z X C V B N M

**Puzzle 306**
Clue: tool

| C | O | W | E | R |
|---|---|---|---|---|
| B | E | G | O | T |
| S | C | I | O | N |
| K | N | A | V | E |
| A | R | L | E | S |
| | | | | |

Q W E R T Y U I O P
A S D F G H J K L
Z X C V B N M

**Puzzle 307**
Clue: smell

| | | | | |
|---|---|---|---|---|
| L | O | A | M | Y |
| W | H | A | C | K |
| R | O | A | M | S |
| S | U | A | V | E |
| M | I | N | D | S |
| | | | | |

Q W E R T Y U I O P
A S D F G H J K L
Z X C V B N M

**Puzzle 308**
Clue: search

| | | | | |
|---|---|---|---|---|
| A | R | I | E | L |
| C | A | B | E | R |
| F | I | L | C | H |
| O | S | M | I | C |
| S | O | N | G | S |
| | | | | |

Q W E R T Y U I O P
A S D F G H J K L
Z X C V B N M

MEDIUM

**Puzzle 309**
Clue: pointer

| | | | | |
|---|---|---|---|---|
| E | Q | U | I | P |
| R | O | T | O | R |
| E | B | O | N | Y |
| F | L | O | A | T |
| C | A | M | P | O |
| | | | | |

Q W E R T Y U I O P
A S D F G H J K L
Z X C V B N M

**Puzzle 310**
Clue: light

| | | | | |
|---|---|---|---|---|
| G | U | Y | E | D |
| S | H | O | V | E |
| E | D | I | T | S |
| B | U | C | K | S |
| S | W | I | N | K |
| | | | | |

Q W E R T Y U I O P
A S D F G H J K L
Z X C V B N M

**Puzzle 311**
Clue: speed

| O | D | I | U | M |
|---|---|---|---|---|
| D | E | R | B | Y |
| I | N | U | R | E |
| C | R | A | M | S |
| K | E | T | O | L |
| | | | | |

Q W E R T Y U I O P
A S D F G H J K L
Z X C V B N M

**Puzzle 312**
Clue: big

| D | O | P | E | Y |
|---|---|---|---|---|
| M | O | U | R | N |
| P | E | O | N | S |
| W | A | N | L | Y |
| K | R | A | I | T |
| | | | | |

Q W E R T Y U I O P
A S D F G H J K L
Z X C V B N M

**Puzzle 313**
Clue: burn

| | | | | |
|---|---|---|---|---|
| Y | E | A | R | N |
| E | I | G | H | T |
| I | N | D | U | E |
| B | E | A | D | S |
| C | A | M | E | S |
| | | | | |

Q W E R T Y U I O P
A S D F G H J K L
Z X C V B N M

**Puzzle 314**
Clue:
hammer

| | | | | |
|---|---|---|---|---|
| M | E | A | T | Y |
| G | R | O | U | T |
| P | H | O | N | E |
| I | N | F | O | S |
| C | O | N | K | S |
| | | | | |

Q W E R T Y U I O P
A S D F G H J K L
Z X C V B N M

**Puzzle 315**
Clue: sweet

| D | O | W | R | Y |
|---|---|---|---|---|
| F | R | A | M | E |
| R | I | F | L | E |
| S | H | O | R | T |
| B | A | R | K | S |
| | | | | |

Q W E R T Y U I O P
A S D F G H J K L
Z X C V B N M

**Puzzle 316**
Clue: right

| I | V | O | R | Y |
|---|---|---|---|---|
| F | A | K | E | D |
| A | F | O | U | L |
| B | R | E | A | K |
| C | L | A | N | S |
| | | | | |

Q W E R T Y U I O P
A S D F G H J K L
Z X C V B N M

MEDIUM

**Puzzle 317**
Clue: light

| | | | | |
|---|---|---|---|---|
| J | U | I | C | Y |
| D | E | B | I | T |
| C | H | E | V | Y |
| S | T | O | K | E |
| P | Y | R | E | S |
| | | | | |

Q W E R T Y U I O P
A S D F G H J K L
Z X C V B N M

**Puzzle 318**
Clue: seed

| | | | | |
|---|---|---|---|---|
| B | O | O | Z | Y |
| N | U | M | B | S |
| C | O | N | U | S |
| P | A | P | A | L |
| B | R | O | W | N |
| | | | | |

Q W E R T Y U I O P
A S D F G H J K L
Z X C V B N M

**Puzzle 319**
Clue: paper

| O | P | I | U | M |
|---|---|---|---|---|
| S | A | T | I | N |
| G | R | A | P | E |
| E | X | I | T | S |
| G | A | L | E | D |
| | | | | |

Q W E R T Y U I O P
A S D F G H J K L
Z X C V B N M

**Puzzle 320**
Clue: joint

| E | B | O | N | Y |
|---|---|---|---|---|
| P | O | U | C | H |
| F | L | A | B | S |
| G | I | V | E | N |
| S | W | I | F | T |
| | | | | |

Q W E R T Y U I O P
A S D F G H J K L
Z X C V B N M

MEDIUM

**Puzzle 321**
Clue:
senior

| | | | | |
|---|---|---|---|---|
| B | U | T | Y | L |
| E | X | P | O | S |
| W | I | P | E | R |
| T | A | M | E | D |
| D | E | V | I | L |
| | | | | |

Q W E R T Y U I O P
A S D F G H J K L
Z X C V B N M

**Puzzle 322**
Clue:
stately

| | | | | |
|---|---|---|---|---|
| W | I | F | E | Y |
| V | I | A | L | S |
| B | A | K | E | R |
| G | N | A | S | H |
| A | M | E | N | D |
| | | | | |

Q W E R T Y U I O P
A S D F G H J K L
Z X C V B N M

**Puzzle 323**
Clue:
suggest

| | | | | |
|---|---|---|---|---|
| Q | U | A | I | L |
| H | O | M | E | D |
| S | E | A | M | Y |
| C | R | E | A | K |
| G | A | P | E | R |
| | | | | |

Q W E R T Y U I O P
A S D F G H J K L
Z X C V B N M

**Puzzle 324**
Clue:
instrument

| | | | | |
|---|---|---|---|---|
| C | U | T | E | Y |
| W | A | K | E | D |
| A | M | U | C | K |
| F | E | R | A | L |
| M | O | I | S | T |
| | | | | |

Q W E R T Y U I O P
A S D F G H J K L
Z X C V B N M

MEDIUM

**Puzzle 325**
Clue: tally

| | | | | |
|---|---|---|---|---|
| M | A | N | G | Y |
| L | I | V | E | D |
| P | I | T | T | A |
| W | A | K | E | S |
| T | H | O | S | E |
| | | | | |

Q W E R T Y U I O P
A S D F G H J K L
Z X C V B N M

**Puzzle 326**
Clue: fabric

| | | | | |
|---|---|---|---|---|
| P | I | Q | U | E |
| E | A | R | N | S |
| T | W | A | I | N |
| T | O | Y | E | D |
| B | L | O | O | M |
| | | | | |

Q W E R T Y U I O P
A S D F G H J K L
Z X C V B N M

**Puzzle 327**
Clue: rest

| T | O | D | A | Y |
|---|---|---|---|---|
| M | O | L | A | R |
| G | L | I | T | Z |
| A | W | F | U | L |
| H | E | A | L | S |
| | | | | |

Q W E R T Y U I O P
A S D F G H J K L
Z X C V B N M

**Puzzle 328**
Clue: fruit

| S | T | U | D | Y |
|---|---|---|---|---|
| N | I | G | H | T |
| F | O | R | T | H |
| E | X | A | C | T |
| L | A | P | S | E |
| | | | | |

Q W E R T Y U I O P
A S D F G H J K L
Z X C V B N M

MEDIUM

**Puzzle 329**
Clue:
deserve

| | | | | |
|---|---|---|---|---|
| Y | O | U | N | G |
| L | U | S | T | Y |
| F | A | T | A | L |
| M | O | D | E | M |
| M | A | T | E | R |
| | | | | |

Q W E R T Y U I O P
A S D F G H J K L
Z X C V B N M

**Puzzle 330**
Clue: fool

| | | | | |
|---|---|---|---|---|
| A | X | I | T | E |
| C | H | O | R | D |
| L | A | X | E | R |
| F | L | U | M | P |
| M | U | N | G | O |
| | | | | |

Q W E R T Y U I O P
A S D F G H J K L
Z X C V B N M

**Puzzle 331**
Clue: trim

| D | A | I | L | Y |
|---|---|---|---|---|
| B | H | A | J | I |
| A | D | O | Z | E |
| F | U | M | E | D |
| E | X | U | R | B |
| | | | | |

Q W E R T Y U I O P
A S D F G H J K L
Z X C V B N M

**Puzzle 332**
Clue: strike

| B | U | M | P | Y |
|---|---|---|---|---|
| M | O | R | A | E |
| R | E | W | I | N |
| F | I | N | A | L |
| C | A | G | E | S |
| | | | | |

Q W E R T Y U I O P
A S D F G H J K L
Z X C V B N M

**Puzzle 333**
Clue:
restorative

| | | | | |
|---|---|---|---|---|
| A | B | Y | S | M |
| A | D | O | R | E |
| O | K | A | Y | S |
| A | P | R | O | N |
| G | O | W | N | S |
| | | | | |

Q W E R T Y U I O P
A S D F G H J K L
Z X C V B N M

**Puzzle 334**
Clue:
vigilant

| | | | | |
|---|---|---|---|---|
| N | U | T | T | Y |
| C | H | I | C | K |
| B | E | G | O | T |
| M | A | M | B | A |
| L | E | A | D | S |
| | | | | |

Q W E R T Y U I O P
A S D F G H J K L
Z X C V B N M

**Puzzle 335**
Clue: mean

| A | B | I | D | E |
|---|---|---|---|---|
| L | A | M | E | R |
| B | A | U | L | K |
| W | A | R | P | S |
| A | S | H | E | N |
| | | | | |

Q W E R T Y U I O P
A S D F G H J K L
Z X C V B N M

**Puzzle 336**
Clue: rock

| A | C | R | I | D |
|---|---|---|---|---|
| C | A | M | P | Y |
| P | R | I | M | E |
| H | E | A | D | S |
| K | I | O | S | K |
| | | | | |

Q W E R T Y U I O P
A S D F G H J K L
Z X C V B N M

MEDIUM

**Puzzle 337**
Clue: performance

| | | | | |
|---|---|---|---|---|
| U | N | I | T | Y |
| C | H | A | L | K |
| F | L | U | B | S |
| E | X | A | L | T |
| T | A | M | E | R |
| | | | | |

Q W E R T Y U I O P
A S D F G H J K L
Z X C V B N M

**Puzzle 338**
Clue: field

| | | | | |
|---|---|---|---|---|
| A | G | I | L | E |
| C | R | A | N | K |
| A | U | G | H | T |
| G | R | I | P | E |
| A | L | O | U | D |
| | | | | |

Q W E R T Y U I O P
A S D F G H J K L
Z X C V B N M

**Puzzle 339**
Clue:
deduct

| | | | | |
|---|---|---|---|---|
| H | E | A | D | Y |
| A | F | O | O | T |
| F | A | C | E | S |
| A | G | I | S | T |
| L | I | M | P | S |
| | | | | |

Q W E R T Y U I O P
A S D F G H J K L
Z X C V B N M

**Puzzle 340**
Clue: top

| | | | | |
|---|---|---|---|---|
| M | A | I | D | S |
| A | R | S | O | N |
| C | H | A | R | T |
| K | E | F | I | R |
| M | O | V | E | R |
| | | | | |

Q W E R T Y U I O P
A S D F G H J K L
Z X C V B N M

**Puzzle 341**
Clue: suggest

| | | | | |
|---|---|---|---|---|
| M | A | G | I | C |
| G | A | M | U | T |
| R | I | F | T | S |
| D | A | S | H | I |
| P | I | Q | U | E |
| | | | | |

Q W E R T Y U I O P
A S D F G H J K L
Z X C V B N M

**Puzzle 342**
Clue: irritate

| | | | | |
|---|---|---|---|---|
| A | R | I | A | S |
| B | I | N | G | E |
| C | L | I | N | K |
| T | W | A | N | G |
| M | A | N | L | Y |
| | | | | |

Q W E R T Y U I O P
A S D F G H J K L
Z X C V B N M

**Puzzle 343**
Clue: thicket

| | | | | |
|---|---|---|---|---|
| N | O | I | S | Y |
| A | L | A | R | M |
| W | H | I | T | E |
| E | P | O | C | H |
| H | I | V | E | D |
| | | | | |

Q W E R T Y U I O P
A S D F G H J K L
Z X C V B N M

**Puzzle 344**
Clue: firm

| | | | | |
|---|---|---|---|---|
| M | O | N | E | Y |
| C | H | A | L | K |
| R | A | M | E | N |
| P | R | I | Z | E |
| D | I | R | T | S |
| | | | | |

Q W E R T Y U I O P
A S D F G H J K L
Z X C V B N M

MEDIUM

**Puzzle 345**
Clue:
category

| | | | | |
|---|---|---|---|---|
| M | O | I | R | E |
| A | N | V | I | L |
| G | U | L | A | G |
| C | H | A | R | T |
| B | E | A | M | Y |
| | | | | |

Q W E R T Y U I O P
A S D F G H J K L
Z X C V B N M

**Puzzle 346**
Clue:
covering

| | | | | |
|---|---|---|---|---|
| R | I | M | E | D |
| B | R | E | A | K |
| Q | U | A | K | E |
| L | E | A | S | H |
| C | E | L | L | O |
| | | | | |

Q W E R T Y U I O P
A S D F G H J K L
Z X C V B N M

**Puzzle 347**
Clue:
innocent

| H | U | T | C | H |
|---|---|---|---|---|
| R | O | P | E | Y |
| B | A | N | J | O |
| S | W | I | N | E |
| A | C | I | D | S |
| | | | | |

Q W E R T Y U I O P
A S D F G H J K L
Z X C V B N M

**Puzzle 348**
Clue: rush

| C | L | E | A | T |
|---|---|---|---|---|
| U | N | Z | I | P |
| A | C | T | O | R |
| B | R | A | I | N |
| B | U | R | P | S |
| | | | | |

Q W E R T Y U I O P
A S D F G H J K L
Z X C V B N M

MEDIUM

**Puzzle 349**
Clue:
vegetable

| | | | | |
|---|---|---|---|---|
| P | A | D | D | Y |
| C | R | E | A | M |
| R | O | B | O | T |
| C | L | O | G | S |
| O | I | N | K | S |
| | | | | |

Q W E R T Y U I O P
A S D F G H J K L
Z X C V B N M

**Puzzle 350**
Clue:
influence

| | | | | |
|---|---|---|---|---|
| H | E | A | P | Y |
| S | C | A | R | E |
| V | E | N | U | S |
| B | U | L | K | Y |
| G | A | U | L | T |
| | | | | |

Q W E R T Y U I O P
A S D F G H J K L
Z X C V B N M

**Puzzle 351**
Clue:
suspend

| F | O | Y | E | R |
|---|---|---|---|---|
| T | E | S | L | A |
| S | T | O | M | P |
| D | O | W | E | L |
| L | A | T | I | N |
| | | | | |

Q W E R T Y U I O P
A S D F G H J K L
Z X C V B N M

**Puzzle 352**
Clue:
humiliation

| B | A | Y | O | U |
|---|---|---|---|---|
| A | U | R | A | L |
| T | A | R | D | Y |
| C | A | P | E | R |
| H | E | A | T | H |
| | | | | |

Q W E R T Y U I O P
A S D F G H J K L
Z X C V B N M

MEDIUM

**Puzzle 353**
Clue: locate

| | | | | |
|---|---|---|---|---|
| Q | U | O | I | N |
| H | I | N | K | Y |
| V | I | R | U | S |
| M | O | W | E | R |
| P | E | A | C | H |
| | | | | |

Q W E R T Y U I O P
A S D F G H J K L
Z X C V B N M

**Puzzle 354**
Clue: rascal

| | | | | |
|---|---|---|---|---|
| H | A | N | D | Y |
| G | R | I | M | E |
| V | O | D | K | A |
| M | O | W | E | D |
| E | P | O | C | H |
| | | | | |

Q W E R T Y U I O P
A S D F G H J K L
Z X C V B N M

**Puzzle 355**
Clue: pollution

| U | N | I | T | Y |
|---|---|---|---|---|
| G | L | Y | P | H |
| T | W | I | L | L |
| P | O | U | T | S |
| D | E | M | O | N |
| | | | | |

Q W E R T Y U I O P
A S D F G H J K L
Z X C V B N M

**Puzzle 356**
Clue: thug

| K | A | Y | A | K |
|---|---|---|---|---|
| I | M | P | E | D |
| N | E | W | S | Y |
| G | I | V | E | R |
| F | R | E | S | H |
| | | | | |

Q W E R T Y U I O P
A S D F G H J K L
Z X C V B N M

**Puzzle 357**
Clue: exam

| | | | | |
|---|---|---|---|---|
| C | H | O | C | K |
| D | E | I | F | Y |
| K | E | L | T | S |
| M | A | M | B | A |
| W | A | G | E | D |
| | | | | |

Q W E R T Y U I O P
A S D F G H J K L
Z X C V B N M

**Puzzle 358**
Clue: slap

| | | | | |
|---|---|---|---|---|
| K | I | N | D | A |
| P | A | L | E | R |
| P | R | A | N | G |
| B | R | A | S | H |
| F | A | K | E | S |
| | | | | |

Q W E R T Y U I O P
A S D F G H J K L
Z X C V B N M

**Puzzle 359**
Clue: stab

| H | O | A | G | Y |
|---|---|---|---|---|
| W | H | E | Y | S |
| D | O | P | E | Y |
| L | I | K | E | N |
| A | R | I | S | E |
| | | | | |

Q W E R T Y U I O P
A S D F G H J K L
Z X C V B N M

**Puzzle 360**
Clue:
imagine

| L | O | U | I | S |
|---|---|---|---|---|
| W | E | L | S | H |
| L | I | E | U | S |
| Y | E | A | S | T |
| M | A | C | E | R |
| | | | | |

Q W E R T Y U I O P
A S D F G H J K L
Z X C V B N M

**Puzzle 361**
Clue: cord

| | | | | |
|---|---|---|---|---|
| U | N | I | O | N |
| B | O | S | S | Y |
| B | O | W | E | D |
| A | B | A | S | H |
| G | A | R | B | S |
| | | | | |

Q W E R T Y U I O P
A S D F G H J K L
Z X C V B N M

**Puzzle 362**
Clue: cover

| | | | | |
|---|---|---|---|---|
| A | G | O | N | Y |
| P | O | L | Y | S |
| S | P | L | I | T |
| S | L | U | R | P |
| H | A | N | D | S |
| | | | | |

Q W E R T Y U I O P
A S D F G H J K L
Z X C V B N M

**Puzzle 363**
Clue: toss

| | | | | |
|---|---|---|---|---|
| C | A | P | E | D |
| R | E | S | A | Y |
| S | E | R | U | M |
| B | R | I | E | F |
| O | T | H | E | R |
| | | | | |

Q W E R T Y U I O P
A S D F G H J K L
Z X C V B N M

**Puzzle 364**
Clue: soil

| | | | | |
|---|---|---|---|---|
| N | I | C | K | S |
| L | O | U | I | E |
| C | A | M | P | Y |
| S | A | W | E | D |
| B | R | A | C | T |
| | | | | |

Q W E R T Y U I O P
A S D F G H J K L
Z X C V B N M

MEDIUM

**Puzzle 365**
Clue: drop

| | | | | |
|---|---|---|---|---|
| G | A | M | E | Y |
| C | O | D | E | C |
| S | W | I | N | G |
| B | O | R | N | E |
| Q | U | O | I | N |
| | | | | |

Q W E R T Y U I O P
A S D F G H J K L
Z X C V B N M

**Puzzle 366**
Clue:
chuckle

| | | | | |
|---|---|---|---|---|
| I | R | O | N | Y |
| A | D | I | T | S |
| F | A | K | E | R |
| J | U | D | G | E |
| G | A | M | U | T |
| | | | | |

Q W E R T Y U I O P
A S D F G H J K L
Z X C V B N M

**Puzzle 367**
Clue:
prepare

| Y | O | U | N | G |
|---|---|---|---|---|
| A | C | O | R | N |
| I | N | D | E | X |
| C | A | B | E | R |
| A | S | K | E | W |
| | | | | |

Q W E R T Y U I O P
A S D F G H J K L
Z X C V B N M

**Puzzle 368**
Clue: baking

| D | A | S | H | I |
|---|---|---|---|---|
| O | B | E | Y | S |
| A | E | O | N | S |
| T | O | U | G | H |
| O | L | E | U | M |
| | | | | |

Q W E R T Y U I O P
A S D F G H J K L
Z X C V B N M

MEDIUM

**Puzzle 369**
Clue:
uncertain

| I | R | O | N | Y |
|---|---|---|---|---|
| W | I | P | E | R |
| R | H | Y | M | E |
| E | V | I | L | S |
| B | L | U | M | E |
| | | | | |

Q W E R T Y U I O P
A S D F G H J K L
Z X C V B N M

**Puzzle 370**
Clue:
engine

| A | I | S | L | E |
|---|---|---|---|---|
| C | L | O | Y | S |
| B | E | L | O | W |
| H | O | P | E | D |
| N | O | R | M | S |
| | | | | |

Q W E R T Y U I O P
A S D F G H J K L
Z X C V B N M

**Puzzle 371**
Clue: race

| | | | | |
|---|---|---|---|---|
| Q | U | E | E | N |
| F | A | M | E | D |
| R | I | P | E | N |
| G | E | C | K | O |
| L | E | V | I | N |
| | | | | |

Q W E R T Y U I O P
A S D F G H J K L
Z X C V B N M

**Puzzle 372**
Clue: party

| | | | | |
|---|---|---|---|---|
| A | P | H | I | D |
| S | P | A | D | E |
| C | U | R | E | R |
| B | E | F | I | T |
| V | E | I | N | Y |
| | | | | |

Q W E R T Y U I O P
A S D F G H J K L
Z X C V B N M

**Puzzle 373**
Clue: clever

| | | | | |
|---|---|---|---|---|
| L | U | R | I | D |
| T | H | Y | M | Y |
| G | R | O | U | T |
| C | A | R | V | E |
| S | M | O | K | E |
| | | | | |

Q W E R T Y U I O P
A S D F G H J K L
Z X C V B N M

**Puzzle 374**
Clue:
pastime

| | | | | |
|---|---|---|---|---|
| A | S | K | E | D |
| W | A | W | L | S |
| F | I | N | C | H |
| H | E | A | R | T |
| H | O | P | E | D |
| | | | | |

Q W E R T Y U I O P
A S D F G H J K L
Z X C V B N M

**Puzzle 375**
Clue: scrape

| L | O | U | S | Y |
|---|---|---|---|---|
| S | H | A | W | L |
| B | A | D | G | E |
| T | H | A | C | K |
| F | E | A | S | T |
| | | | | |

Q W E R T Y U I O P
A S D F G H J K L
Z X C V B N M

**Puzzle 376**
Clue: haul

| Q | U | I | D | S |
|---|---|---|---|---|
| D | R | E | C | K |
| P | A | T | S | Y |
| M | E | R | G | E |
| F | A | V | E | S |
| | | | | |

Q W E R T Y U I O P
A S D F G H J K L
Z X C V B N M

MEDIUM

**Puzzle 377**
Clue: grasp

| | | | | |
|---|---|---|---|---|
| D | I | S | H | Y |
| B | I | R | D | S |
| S | T | O | N | Y |
| B | A | K | E | R |
| R | A | M | E | N |
| | | | | |

Q W E R T Y U I O P
A S D F G H J K L
Z X C V B N M

**Puzzle 378**
Clue: glide

| | | | | |
|---|---|---|---|---|
| B | L | I | M | P |
| G | O | R | E | D |
| F | L | U | M | E |
| J | I | B | E | S |
| K | E | C | K | S |
| | | | | |

Q W E R T Y U I O P
A S D F G H J K L
Z X C V B N M

**Puzzle 379**
Clue: weapon

| H | A | I | K | U |
|---|---|---|---|---|
| B | U | L | G | Y |
| S | C | U | B | A |
| P | R | A | T | E |
| G | A | W | K | S |
| | | | | |

Q W E R T Y U I O P
A S D F G H J K L
Z X C V B N M

**Puzzle 380**
Clue: little

| L | E | A | D | Y |
|---|---|---|---|---|
| G | R | U | E | L |
| H | A | R | P | Y |
| W | H | I | S | K |
| B | R | U | S | H |
| | | | | |

Q W E R T Y U I O P
A S D F G H J K L
Z X C V B N M

**Puzzle 381**
Clue:
tempest

| | | | | |
|---|---|---|---|---|
| P | I | Q | U | E |
| C | Y | C | L | O |
| S | H | A | L | E |
| D | O | G | M | A |
| O | M | I | T | S |
| | | | | |

Q W E R T Y U I O P
A S D F G H J K L
Z X C V B N M

**Puzzle 382**
Clue:
moderately

| | | | | |
|---|---|---|---|---|
| S | A | N | D | Y |
| R | U | R | A | L |
| F | A | U | N | A |
| K | E | M | P | T |
| S | Q | U | A | T |
| | | | | |

Q W E R T Y U I O P
A S D F G H J K L
Z X C V B N M

**Puzzle 383**
Clue: con

| | | | | |
|---|---|---|---|---|
| A | B | Y | S | M |
| W | I | D | E | N |
| E | V | I | L | S |
| Q | U | O | I | T |
| T | A | P | I | R |
| | | | | |

Q W E R T Y U I O P
A S D F G H J K L
Z X C V B N M

**Puzzle 384**
Clue:
welcome

| | | | | |
|---|---|---|---|---|
| M | U | S | H | Y |
| B | L | A | D | E |
| A | R | G | O | N |
| F | R | O | C | K |
| T | W | E | R | P |
| | | | | |

Q W E R T Y U I O P
A S D F G H J K L
Z X C V B N M

MEDIUM

**Puzzle 385**
Clue: gap

| | | | | |
|---|---|---|---|---|
| B | O | M | B | S |
| G | R | I | E | F |
| E | P | O | C | H |
| A | D | E | P | T |
| S | L | A | T | E |
| | | | | |

Q W E R T Y U I O P
A S D F G H J K L
Z X C V B N M

**Puzzle 386**
Clue:
charge

| | | | | |
|---|---|---|---|---|
| A | M | O | U | R |
| S | A | L | M | I |
| P | I | O | U | S |
| A | W | I | N | G |
| X | E | N | I | C |
| | | | | |

Q W E R T Y U I O P
A S D F G H J K L
Z X C V B N M

**Puzzle 387**
Clue: absurdity

| | | | | |
|---|---|---|---|---|
| L | O | U | S | Y |
| T | E | X | A | S |
| G | A | W | K | Y |
| C | L | E | R | K |
| B | R | A | K | E |
| | | | | |

Q W E R T Y U I O P
A S D F G H J K L
Z X C V B N M

**Puzzle 388**
Clue: cart

| | | | | |
|---|---|---|---|---|
| K | L | U | T | Z |
| G | R | A | P | E |
| F | O | O | D | S |
| C | L | I | N | G |
| M | O | L | A | R |
| | | | | |

Q W E R T Y U I O P
A S D F G H J K L
Z X C V B N M

MEDIUM

**Puzzle 389**
Clue: foe

| | | | | |
|---|---|---|---|---|
| D | I | T | C | H |
| G | R | A | C | E |
| P | Y | R | O | S |
| B | A | Y | O | U |
| A | L | L | E | Y |
| | | | | |

Q W E R T Y U I O P
A S D F G H J K L
Z X C V B N M

**Puzzle 390**
Clue: rot

| | | | | |
|---|---|---|---|---|
| M | A | N | G | Y |
| D | I | V | E | R |
| K | A | U | R | I |
| J | U | M | B | O |
| A | S | P | I | C |
| | | | | |

Q W E R T Y U I O P
A S D F G H J K L
Z X C V B N M

**Puzzle 391**
Clue:
affordable

| E | M | O | J | I |
|---|---|---|---|---|
| B | E | A | N | S |
| J | A | U | N | T |
| R | A | W | L | Y |
| T | R | A | M | P |
| | | | | |

Q W E R T Y U I O P
A S D F G H J K L
Z X C V B N M

**Puzzle 392**
Clue: spike

| V | E | A | L | Y |
|---|---|---|---|---|
| P | L | U | M | B |
| A | M | I | N | O |
| O | W | I | N | G |
| R | O | B | I | N |
| | | | | |

Q W E R T Y U I O P
A S D F G H J K L
Z X C V B N M

**Puzzle 393**
Clue: roof

| | | | | |
|---|---|---|---|---|
| G | A | N | G | S |
| H | Y | D | R | O |
| C | L | A | I | M |
| P | E | E | P | S |
| S | H | O | R | E |
| | | | | |

Q W E R T Y U I O P
A S D F G H J K L
Z X C V B N M

**Puzzle 394**
Clue: plod

| | | | | |
|---|---|---|---|---|
| P | I | K | E | S |
| A | L | I | G | N |
| L | O | U | T | S |
| T | A | W | E | D |
| A | M | B | I | T |
| | | | | |

Q W E R T Y U I O P
A S D F G H J K L
Z X C V B N M

**Puzzle 395**
Clue: slice

| A | U | X | I | N |
|---|---|---|---|---|
| S | K | E | W | S |
| F | O | X | E | S |
| D | E | P | T | H |
| L | A | Y | E | D |
| | | | | |

Q W E R T Y U I O P
A S D F G H J K L
Z X C V B N M

**Puzzle 396**
Clue: hut

| N | U | K | E | S |
|---|---|---|---|---|
| S | N | E | A | K |
| Q | U | O | T | E |
| B | A | L | M | S |
| D | E | V | I | L |
| | | | | |

Q W E R T Y U I O P
A S D F G H J K L
Z X C V B N M

**Puzzle 397**
Clue: plain

| | | | | |
|---|---|---|---|---|
| H | Y | D | R | O |
| B | A | L | M | Y |
| R | A | N | T | S |
| W | R | A | C | K |
| M | O | L | A | R |
| | | | | |

Q W E R T Y U I O P
A S D F G H J K L
Z X C V B N M

**Puzzle 398**
Clue: violation

| | | | | |
|---|---|---|---|---|
| M | O | U | S | Y |
| L | A | C | K | S |
| A | C | K | E | E |
| C | A | W | E | D |
| M | E | R | C | Y |
| | | | | |

Q W E R T Y U I O P
A S D F G H J K L
Z X C V B N M

**Puzzle 399**
Clue:
account

| H | A | U | L | S |
|---|---|---|---|---|
| P | U | N | C | H |
| W | I | L | T | S |
| V | O | T | E | R |
| S | E | T | O | N |
| | | | | |

Q W E R T Y U I O P
A S D F G H J K L
Z X C V B N M

**Puzzle 400**
Clue: pouch

| A | C | I | D | Y |
|---|---|---|---|---|
| B | A | D | G | E |
| B | O | W | L | S |
| S | Q | U | A | T |
| F | E | U | D | S |
| | | | | |

Q W E R T Y U I O P
A S D F G H J K L
Z X C V B N M

MEDIUM

**Puzzle 401**
Clue:
tremble

| | | | | |
|---|---|---|---|---|
| Y | O | G | I | C |
| T | A | W | N | Y |
| P | U | R | G | E |
| L | O | V | E | S |
| D | E | W | A | R |
| | | | | |

Q W E R T Y U I O P
A S D F G H J K L
Z X C V B N M



**Puzzle 402**
Clue: creep

| | | | | |
|---|---|---|---|---|
| T | U | M | M | Y |
| B | O | T | C | H |
| A | L | T | E | R |
| F | E | A | T | S |
| S | A | B | R | E |
| | | | | |

Q W E R T Y U I O P
A S D F G H J K L
Z X C V B N M

**Puzzle 403**
Clue: fuel

| | | | | |
|---|---|---|---|---|
| D | I | M | L | Y |
| R | A | G | E | R |
| B | I | R | T | H |
| C | R | E | E | P |
| D | O | D | G | E |
| | | | | |

Q W E R T Y U I O P
A S D F G H J K L
Z X C V B N M

**Puzzle 404**
Clue: thread

| | | | | |
|---|---|---|---|---|
| J | O | K | E | S |
| Q | U | E | E | N |
| E | X | I | L | E |
| S | H | O | R | E |
| M | I | N | C | E |
| | | | | |

Q W E R T Y U I O P
A S D F G H J K L
Z X C V B N M

**Puzzle 405**
Clue:
behave

| | | | | |
|---|---|---|---|---|
| H | U | M | I | D |
| S | C | O | R | N |
| G | I | R | L | Y |
| P | R | O | W | S |
| B | A | S | E | R |
| | | | | |

Q W E R T Y U I O P
A S D F G H J K L
Z X C V B N M

EXPERT

**Puzzle 406**
Clue: row

| | | | | |
|---|---|---|---|---|
| N | O | I | S | Y |
| B | L | O | N | D |
| C | H | U | M | P |
| Q | U | O | T | E |
| P | U | R | S | E |
| | | | | |

Q W E R T Y U I O P
A S D F G H J K L
Z X C V B N M

**Puzzle 407**
Clue:
acquire

| G | U | I | L | E |
|---|---|---|---|---|
| S | H | R | U | B |
| C | U | R | B | S |
| M | I | A | O | W |
| B | A | N | J | O |
| | | | | |

Q W E R T Y U I O P
A S D F G H J K L
Z X C V B N M

**Puzzle 408**
Clue: sealed

| U | N | S | A | Y |
|---|---|---|---|---|
| C | H | U | R | N |
| M | A | I | Z | E |
| D | R | E | G | S |
| F | I | N | E | R |
| | | | | |

Q W E R T Y U I O P
A S D F G H J K L
Z X C V B N M

EXPERT

**Puzzle 409**
Clue: shape

| | | | | |
|---|---|---|---|---|
| Y | A | C | H | T |
| M | A | I | D | S |
| S | T | Y | L | E |
| C | R | I | P | E |
| O | F | T | E | N |
| | | | | |

Q W E R T Y U I O P
A S D F G H J K L
Z X C V B N M

EXPERT

**Puzzle 410**
Clue: sin

| | | | | |
|---|---|---|---|---|
| A | U | X | I | N |
| K | I | L | N | S |
| H | A | W | K | S |
| P | R | I | C | Y |
| D | R | A | G | S |
| | | | | |

Q W E R T Y U I O P
A S D F G H J K L
Z X C V B N M

**Puzzle 411**
Clue: delay

| B | I | O | M | E |
|---|---|---|---|---|
| O | G | R | E | S |
| C | O | L | E | Y |
| K | N | O | S | P |
| W | A | D | E | S |
| | | | | |

Q W E R T Y U I O P
A S D F G H J K L
Z X C V B N M

**Puzzle 412**
Clue: routine

| F | L | A | S | K |
|---|---|---|---|---|
| D | J | I | N | N |
| C | H | E | W | Y |
| S | H | O | E | S |
| N | E | I | G | H |
| | | | | |

Q W E R T Y U I O P
A S D F G H J K L
Z X C V B N M

EXPERT

**Puzzle 413**
Clue: digit

| J | O | K | E | Y |
|---|---|---|---|---|
| W | O | V | E | N |
| O | X | I | D | S |
| F | L | O | T | A |
| H | U | R | S | T |
| | | | | |

Q W E R T Y U I O P
A S D F G H J K L
Z X C V B N M

EXPERT

**Puzzle 414**
Clue:
instruct

| M | I | L | K | Y |
|---|---|---|---|---|
| P | L | A | C | E |
| B | E | G | E | T |
| S | C | R | U | B |
| T | R | U | S | T |
| | | | | |

Q W E R T Y U I O P
A S D F G H J K L
Z X C V B N M

**Puzzle 415**
Clue: mythic

| C | H | U | F | F |
|---|---|---|---|---|
| O | V | I | N | E |
| I | N | E | P | T |
| M | I | X | E | R |
| B | R | I | S | K |
| | | | | |

Q W E R T Y U I O P
A S D F G H J K L
Z X C V B N M

**Puzzle 416**
Clue: male

| Y | U | C | A | S |
|---|---|---|---|---|
| U | N | A | R | Y |
| C | H | A | D | S |
| L | I | F | T | S |
| V | O | L | T | E |
| | | | | |

Q W E R T Y U I O P
A S D F G H J K L
Z X C V B N M

EXPERT

**Puzzle 417**
Clue:
impertinence

| A | V | O | I | D |
|---|---|---|---|---|
| L | O | G | E | S |
| I | N | E | P | T |
| M | U | L | E | Y |
| B | R | A | C | E |
| | | | | |

Q W E R T Y U I O P
A S D F G H J K L
Z X C V B N M



**Puzzle 418**
Clue: fasten

| D | I | C | E | Y |
|---|---|---|---|---|
| B | L | A | Z | E |
| P | O | D | I | A |
| T | U | B | A | S |
| T | R | A | N | K |
| | | | | |

Q W E R T Y U I O P
A S D F G H J K L
Z X C V B N M

**Puzzle 419**
Clue: oath

| M | I | A | O | W |
|---|---|---|---|---|
| D | O | U | B | T |
| P | A | N | D | A |
| O | U | G | H | T |
| L | U | B | E | D |
| | | | | |

Q W E R T Y U I O P
A S D F G H J K L
Z X C V B N M

**Puzzle 420**
Clue:
sizeable

| Q | U | E | E | N |
|---|---|---|---|---|
| B | L | A | S | T |
| D | A | Z | E | S |
| C | O | N | G | A |
| O | P | A | H | S |
| | | | | |

Q W E R T Y U I O P
A S D F G H J K L
Z X C V B N M

EXPERT

**Puzzle 421**
Clue: dear

| | | | | |
|---|---|---|---|---|
| C | A | U | L | K |
| B | A | C | O | N |
| P | R | I | M | E |
| H | A | V | E | R |
| G | E | L | D | S |
| | | | | |

Q W E R T Y U I O P
A S D F G H J K L
Z X C V B N M



**Puzzle 422**
Clue:
shatter

| | | | | |
|---|---|---|---|---|
| H | O | U | S | E |
| C | L | U | E | D |
| P | L | A | I | T |
| M | E | N | U | S |
| F | A | K | E | Y |
| | | | | |

Q W E R T Y U I O P
A S D F G H J K L
Z X C V B N M

**Puzzle 423**
Clue: allow

| | | | | |
|---|---|---|---|---|
| L | O | U | S | Y |
| A | B | O | D | E |
| S | H | O | R | E |
| P | A | L | E | R |
| M | I | C | R | A |
| | | | | |

Q W E R T Y U I O P
A S D F G H J K L
Z X C V B N M

**Puzzle 424**
Clue: similar

| | | | | |
|---|---|---|---|---|
| C | O | C | K | S |
| M | U | S | I | C |
| M | I | N | C | Y |
| Q | U | B | I | T |
| W | I | R | E | S |
| | | | | |

Q W E R T Y U I O P
A S D F G H J K L
Z X C V B N M

EXPERT

**Puzzle 425**
Clue: might

| | | | | |
|---|---|---|---|---|
| Y | U | G | A | S |
| S | K | E | L | P |
| B | E | A | U | X |
| A | M | I | N | O |
| T | O | W | E | D |
| | | | | |

Q W E R T Y U I O P
A S D F G H J K L
Z X C V B N M

EXPERT

**Puzzle 426**
Clue: empty

| | | | | |
|---|---|---|---|---|
| U | N | I | T | S |
| A | M | O | N | G |
| G | R | E | E | T |
| D | E | R | B | Y |
| H | A | R | E | M |
| | | | | |

Q W E R T Y U I O P
A S D F G H J K L
Z X C V B N M

**Puzzle 427**
Clue: beginning

| | | | | |
|---|---|---|---|---|
| L | O | C | U | M |
| A | S | S | E | T |
| P | L | A | T | Y |
| M | I | N | T | S |
| T | I | G | H | T |
| | | | | |

Q W E R T Y U I O P
A S D F G H J K L
Z X C V B N M

**Puzzle 428**
Clue: sour

| | | | | |
|---|---|---|---|---|
| G | R | A | S | P |
| T | H | R | O | W |
| S | W | A | T | H |
| C | O | U | P | S |
| M | O | R | E | L |
| | | | | |

Q W E R T Y U I O P
A S D F G H J K L
Z X C V B N M

EXPERT

**Puzzle 429**
Clue: middle

| | | | | |
|---|---|---|---|---|
| O | X | I | D | E |
| A | V | E | N | S |
| B | L | A | I | N |
| H | A | R | P | Y |
| F | L | U | T | E |
| | | | | |

Q W E R T Y U I O P
A S D F G H J K L
Z X C V B N M



**Puzzle 430**
Clue: stir

| | | | | |
|---|---|---|---|---|
| B | I | O | M | E |
| E | N | V | O | Y |
| N | E | G | U | S |
| F | O | U | N | D |
| L | A | N | C | E |
| | | | | |

Q W E R T Y U I O P
A S D F G H J K L
Z X C V B N M

**Puzzle 431**
Clue:
distance

| | | | | |
|---|---|---|---|---|
| L | O | U | I | S |
| M | U | T | E | D |
| S | H | E | I | K |
| P | E | E | P | S |
| D | E | C | O | R |
| | | | | |

Q W E R T Y U I O P
A S D F G H J K L
Z X C V B N M

**Puzzle 432**
Clue: close

| | | | | |
|---|---|---|---|---|
| B | E | A | D | Y |
| R | O | W | E | D |
| F | L | A | S | H |
| B | U | N | C | H |
| G | I | F | T | S |
| | | | | |

Q W E R T Y U I O P
A S D F G H J K L
Z X C V B N M

**Puzzle 433**
Clue:
change

| | | | | |
|---|---|---|---|---|
| Y | O | G | I | C |
| H | E | I | R | S |
| F | L | I | E | R |
| T | E | X | A | S |
| A | D | A | G | E |
| | | | | |

Q W E R T Y U I O P
A S D F G H J K L
Z X C V B N M



**Puzzle 434**
Clue:
assert

| | | | | |
|---|---|---|---|---|
| P | O | G | E | Y |
| B | A | N | K | S |
| S | H | E | A | F |
| T | R | A | N | S |
| C | O | A | T | I |
| | | | | |

Q W E R T Y U I O P
A S D F G H J K L
Z X C V B N M

**Puzzle 435**
Clue: revolt

| G | A | U | D | Y |
|---|---|---|---|---|
| K | A | P | U | T |
| C | H | E | A | P |
| S | H | I | E | D |
| F | L | E | A | S |
| | | | | |

Q W E R T Y U I O P
A S D F G H J K L
Z X C V B N M

**Puzzle 436**
Clue: grubby

| C | A | M | E | O |
|---|---|---|---|---|
| S | H | I | V | S |
| M | O | U | N | D |
| D | E | W | A | X |
| D | R | A | N | K |
| | | | | |

Q W E R T Y U I O P
A S D F G H J K L
Z X C V B N M

EXPERT

**Puzzle 437**
Clue:
appointment

| M | O | P | E | Y |
|---|---|---|---|---|
| B | U | N | K | S |
| G | R | I | N | D |
| F | A | L | S | E |
| D | I | V | E | R |
| | | | | |

Q W E R T Y U I O P
A S D F G H J K L
Z X C V B N M



**Puzzle 438**
Clue:
separate

| E | N | O | K | I |
|---|---|---|---|---|
| R | E | I | G | N |
| C | A | N | O | E |
| P | I | L | A | U |
| S | O | R | O | S |
| | | | | |

Q W E R T Y U I O P
A S D F G H J K L
Z X C V B N M

**Puzzle 439**
Clue: initial

| G | A | U | D | Y |
|---|---|---|---|---|
| I | M | B | E | D |
| C | H | O | I | R |
| L | I | N | E | Y |
| S | I | C | K | O |
| | | | | |

Q W E R T Y U I O P
A S D F G H J K L
Z X C V B N M

**Puzzle 440**
Clue: rigid

| D | E | C | R | Y |
|---|---|---|---|---|
| V | A | L | I | D |
| S | L | O | P | E |
| B | I | S | O | N |
| S | H | O | J | I |
| | | | | |

Q W E R T Y U I O P
A S D F G H J K L
Z X C V B N M

EXPERT

**Puzzle 441**
Clue:
submerge

| B | E | A | U | X |
|---|---|---|---|---|
| G | U | L | A | G |
| M | I | M | E | S |
| C | A | R | A | T |
| H | O | P | E | R |
| | | | | |

Q W E R T Y U I O P
A S D F G H J K L
Z X C V B N M



**Puzzle 442**
Clue:
advantage

| R | H | I | N | O |
|---|---|---|---|---|
| U | N | R | I | P |
| C | H | E | S | T |
| F | E | U | D | S |
| G | L | O | A | T |
| | | | | |

Q W E R T Y U I O P
A S D F G H J K L
Z X C V B N M

**Puzzle 443**
Clue:
pendulum

| | | | | |
|---|---|---|---|---|
| O | V | A | R | Y |
| C | U | T | I | E |
| C | H | I | M | P |
| L | I | K | E | S |
| B | R | I | G | S |
| | | | | |

Q W E R T Y U I O P
A S D F G H J K L
Z X C V B N M

**Puzzle 444**
Clue: polite

| | | | | |
|---|---|---|---|---|
| G | Y | O | Z | A |
| S | T | R | A | Y |
| T | O | W | N | S |
| P | I | T | C | H |
| N | I | C | K | S |
| | | | | |

Q W E R T Y U I O P
A S D F G H J K L
Z X C V B N M

**Puzzle 445**
Clue:
bestow

| U | M | I | A | K |
|---|---|---|---|---|
| B | U | R | P | S |
| D | R | U | I | D |
| D | E | I | F | Y |
| C | A | D | G | E |
| | | | | |

Q W E R T Y U I O P
A S D F G H J K L
Z X C V B N M



**Puzzle 446**
Clue: thump

| A | L | I | K | E |
|---|---|---|---|---|
| F | E | R | R | Y |
| M | O | I | S | T |
| D | H | O | W | S |
| B | O | V | I | D |
| | | | | |

Q W E R T Y U I O P
A S D F G H J K L
Z X C V B N M

**Puzzle 447**
Clue:
forthright

| Q | U | O | I | T |
|---|---|---|---|---|
| P | Y | X | I | S |
| H | O | T | L | Y |
| N | E | R | V | Y |
| S | C | R | A | N |
| | | | | |

Q W E R T Y U I O P
A S D F G H J K L
Z X C V B N M

**Puzzle 448**
Clue: ability

| H | I | J | A | B |
|---|---|---|---|---|
| C | L | E | F | T |
| A | B | I | D | E |
| M | E | A | L | S |
| O | V | E | R | T |
| | | | | |

Q W E R T Y U I O P
A S D F G H J K L
Z X C V B N M

**Puzzle 449**
Clue: rot

| C | H | O | I | R |
|---|---|---|---|---|
| P | L | U | M | P |
| L | A | B | E | L |
| A | V | O | W | S |
| G | R | A | V | E |
| | | | | |

Q W E R T Y U I O P
A S D F G H J K L
Z X C V B N M



**Puzzle 450**
Clue: equity

| A | P | E | R | Y |
|---|---|---|---|---|
| H | A | R | M | S |
| G | I | V | E | R |
| C | R | U | D | E |
| B | A | C | K | S |
| | | | | |

Q W E R T Y U I O P
A S D F G H J K L
Z X C V B N M

**Puzzle 451**
Clue: bucolic

| G | U | N | K | Y |
|---|---|---|---|---|
| M | U | T | E | D |
| T | U | C | K | S |
| J | U | M | B | O |
| A | U | G | H | T |
| | | | | |

Q W E R T Y U I O P
A S D F G H J K L
Z X C V B N M

**Puzzle 452**
Clue: gritty

| S | E | A | M | Y |
|---|---|---|---|---|
| A | U | N | T | S |
| P | R | I | C | K |
| C | U | R | V | Y |
| R | U | R | A | L |
| | | | | |

Q W E R T Y U I O P
A S D F G H J K L
Z X C V B N M

EXPERT

**Puzzle 453**
Clue: smash

| | | | | |
|---|---|---|---|---|
| S | N | A | G | S |
| F | U | N | G | I |
| S | E | P | I | A |
| B | A | S | T | E |
| C | L | U | E | D |
| | | | | |

Q W E R T Y U I O P
A S D F G H J K L
Z X C V B N M



**Puzzle 454**
Clue: before

| | | | | |
|---|---|---|---|---|
| H | U | M | A | N |
| S | H | A | D | Y |
| L | A | M | B | S |
| S | K | I | E | D |
| T | W | I | R | L |
| | | | | |

Q W E R T Y U I O P
A S D F G H J K L
Z X C V B N M

**Puzzle 455**
Clue:
concentrate

| V | I | T | A | E |
|---|---|---|---|---|
| P | L | I | E | R |
| M | E | D | I | A |
| U | N | S | E | X |
| B | O | N | G | O |
| | | | | |

Q W E R T Y U I O P
A S D F G H J K L
Z X C V B N M

**Puzzle 456**
Clue: item

| S | N | O | W | Y |
|---|---|---|---|---|
| H | U | N | C | H |
| D | O | M | E | S |
| G | R | E | A | T |
| C | H | I | E | F |
| | | | | |

Q W E R T Y U I O P
A S D F G H J K L
Z X C V B N M

EXPERT

**Puzzle 457**
Clue: wait

| | | | | |
|---|---|---|---|---|
| D | O | I | L | Y |
| D | E | L | F | T |
| M | O | D | E | S |
| I | N | K | E | R |
| R | E | W | A | X |
| | | | | |

Q W E R T Y U I O P
A S D F G H J K L
Z X C V B N M

EXPERT

**Puzzle 458**
Clue: pause

| | | | | |
|---|---|---|---|---|
| C | O | R | G | I |
| L | I | M | P | S |
| B | A | N | G | S |
| A | W | O | K | E |
| B | L | A | S | T |
| | | | | |

Q W E R T Y U I O P
A S D F G H J K L
Z X C V B N M

**Puzzle 459**
Clue: true

| | | | | |
|---|---|---|---|---|
| E | Q | U | I | P |
| M | I | N | C | E |
| S | H | E | A | R |
| C | A | S | K | Y |
| S | C | A | L | P |
| | | | | |

Q W E R T Y U I O P
A S D F G H J K L
Z X C V B N M

**Puzzle 460**
Clue: decide

| | | | | |
|---|---|---|---|---|
| S | O | N | I | C |
| I | N | S | E | T |
| R | E | F | R | Y |
| L | E | G | A | L |
| F | A | X | E | R |
| | | | | |

Q W E R T Y U I O P
A S D F G H J K L
Z X C V B N M

**Puzzle 461**
Clue:
common

| | | | | |
|---|---|---|---|---|
| D | E | I | T | Y |
| S | H | E | L | F |
| P | A | R | K | S |
| C | O | L | I | C |
| B | L | A | G | S |
| | | | | |

Q W E R T Y U I O P
A S D F G H J K L
Z X C V B N M

EXPERT

**Puzzle 462**
Clue: front

| | | | | |
|---|---|---|---|---|
| C | O | Y | P | U |
| G | U | N | K | Y |
| S | U | I | T | S |
| C | H | I | D | E |
| D | I | V | E | D |
| | | | | |

Q W E R T Y U I O P
A S D F G H J K L
Z X C V B N M

**Puzzle 463**
Clue:
declare

| | | | | |
|---|---|---|---|---|
| D | O | I | L | Y |
| M | A | C | H | O |
| T | R | U | N | K |
| B | H | A | N | G |
| I | N | E | R | T |
| | | | | |

Q W E R T Y U I O P
A S D F G H J K L
Z X C V B N M

**Puzzle 464**
Clue: feed

| | | | | |
|---|---|---|---|---|
| B | I | S | O | N |
| E | T | H | Y | L |
| V | O | L | T | S |
| T | O | P | E | D |
| D | U | E | T | S |
| | | | | |

Q W E R T Y U I O P
A S D F G H J K L
Z X C V B N M

**Puzzle 465**
Clue:
mission

| | | | | |
|---|---|---|---|---|
| M | Y | O | I | D |
| V | I | O | L | A |
| H | A | B | I | T |
| W | A | D | E | R |
| A | E | G | I | S |
| | | | | |

Q W E R T Y U I O P
A S D F G H J K L
Z X C V B N M

EXPERT

**Puzzle 466**
Clue: waver

| | | | | |
|---|---|---|---|---|
| R | E | I | F | Y |
| M | A | Y | O | R |
| S | O | N | I | C |
| S | T | O | W | S |
| O | B | J | E | T |
| | | | | |

Q W E R T Y U I O P
A S D F G H J K L
Z X C V B N M

**Puzzle 467**
Clue:
generous

| N | O | I | S | Y |
|---|---|---|---|---|
| C | H | O | M | P |
| J | E | T | O | N |
| C | U | R | E | D |
| A | B | L | E | R |
| | | | | |

Q W E R T Y U I O P
A S D F G H J K L
Z X C V B N M

**Puzzle 468**
Clue:
perception

| G | A | I | L | Y |
|---|---|---|---|---|
| C | E | D | A | R |
| V | O | I | D | S |
| R | E | A | C | T |
| S | P | E | N | T |
| | | | | |

Q W E R T Y U I O P
A S D F G H J K L
Z X C V B N M

EXPERT

**Puzzle 469**
Clue: rhyme

| | | | | |
|---|---|---|---|---|
| P | O | U | N | D |
| T | W | A | N | G |
| P | R | I | O | N |
| A | I | R | E | D |
| C | A | N | E | S |
| | | | | |

Q W E R T Y U I O P
A S D F G H J K L
Z X C V B N M

EXPERT

**Puzzle 470**
Clue: ward

| | | | | |
|---|---|---|---|---|
| J | I | V | E | Y |
| F | L | U | K | E |
| U | N | M | E | T |
| P | U | N | T | S |
| B | O | U | G | H |
| | | | | |

Q W E R T Y U I O P
A S D F G H J K L
Z X C V B N M

**Puzzle 471**
Clue: film

| | | | | |
|---|---|---|---|---|
| M | U | L | C | H |
| P | A | N | S | Y |
| H | O | N | K | S |
| A | B | O | R | T |
| B | I | P | O | D |
| | | | | |

Q W E R T Y U I O P
A S D F G H J K L
Z X C V B N M

**Puzzle 472**
Clue: within

| | | | | |
|---|---|---|---|---|
| Q | U | I | E | T |
| B | E | A | R | D |
| A | X | L | E | S |
| J | U | D | O | S |
| L | O | A | C | H |
| | | | | |

Q W E R T Y U I O P
A S D F G H J K L
Z X C V B N M

EXPERT

**Puzzle 473**
Clue: shun

| B | L | U | E | Y |
|---|---|---|---|---|
| M | A | T | C | H |
| S | N | A | P | S |
| C | E | L | L | O |
| N | A | Z | I | S |
| | | | | |

Q W E R T Y U I O P
A S D F G H J K L
Z X C V B N M

EXPERT

**Puzzle 474**
Clue:
cherish

| G | R | A | N | D |
|---|---|---|---|---|
| T | H | E | F | T |
| A | U | T | O | S |
| R | O | C | K | Y |
| S | T | A | R | S |
| | | | | |

Q W E R T Y U I O P
A S D F G H J K L
Z X C V B N M

**Puzzle 475**
Clue:
partner

| P | O | U | T | Y |
|---|---|---|---|---|
| F | L | A | N | K |
| S | H | O | A | L |
| H | A | R | E | M |
| C | R | E | P | T |
| | | | | |

Q W E R T Y U I O P
A S D F G H J K L
Z X C V B N M

**Puzzle 476**
Clue: barb

| B | E | A | D | Y |
|---|---|---|---|---|
| S | H | O | U | T |
| T | O | M | B | S |
| B | U | R | S | E |
| A | R | G | O | T |
| | | | | |

Q W E R T Y U I O P
A S D F G H J K L
Z X C V B N M

EXPERT

**Puzzle 477**
Clue: bar

| | | | | |
|---|---|---|---|---|
| O | P | I | U | M |
| S | Y | N | C | H |
| K | U | D | O | S |
| F | L | A | I | L |
| V | O | L | T | E |
| | | | | |

Q W E R T Y U I O P
A S D F G H J K L
Z X C V B N M



**Puzzle 478**
Clue:
bolster

| | | | | |
|---|---|---|---|---|
| V | O | M | I | T |
| N | O | D | E | S |
| S | K | I | V | E |
| P | A | S | H | A |
| C | H | E | A | T |
| | | | | |

Q W E R T Y U I O P
A S D F G H J K L
Z X C V B N M

**Puzzle 479**
Clue:
fixture

| B | R | A | V | E |
|---|---|---|---|---|
| F | A | I | L | S |
| W | A | N | E | Y |
| V | O | D | K | A |
| C | R | A | M | P |
| | | | | |

Q W E R T Y U I O P
A S D F G H J K L
Z X C V B N M

**Puzzle 480**
Clue: room

| M | A | Y | O | R |
|---|---|---|---|---|
| L | O | A | F | S |
| C | A | R | B | S |
| S | A | U | C | E |
| J | U | N | K | Y |
| | | | | |

Q W E R T Y U I O P
A S D F G H J K L
Z X C V B N M

**Puzzle 481**
Clue: whole

| | | | | |
|---|---|---|---|---|
| W | A | I | V | E |
| Y | E | T | I | S |
| C | L | A | S | H |
| B | A | R | G | E |
| M | A | J | O | R |
| | | | | |

Q W E R T Y U I O P
A S D F G H J K L
Z X C V B N M



**Puzzle 482**
Clue: play

| | | | | |
|---|---|---|---|---|
| V | I | C | E | D |
| W | H | I | N | Y |
| G | A | U | D | Y |
| F | O | U | L | S |
| A | C | T | O | R |
| | | | | |

Q W E R T Y U I O P
A S D F G H J K L
Z X C V B N M

**Puzzle 483**
Clue: hard

| | | | | |
|---|---|---|---|---|
| A | R | G | U | E |
| W | A | R | T | Y |
| J | U | P | E | S |
| E | X | I | S | T |
| B | I | P | O | D |
| | | | | |

Q W E R T Y U I O P
A S D F G H J K L
Z X C V B N M

**Puzzle 484**
Clue: mill

| | | | | |
|---|---|---|---|---|
| C | Y | C | L | E |
| O | B | J | E | T |
| A | U | R | A | L |
| R | A | M | E | N |
| P | A | G | A | N |
| | | | | |

Q W E R T Y U I O P
A S D F G H J K L
Z X C V B N M

**Puzzle 485**
Clue: kind

| | | | | |
|---|---|---|---|---|
| Z | A | Z | E | N |
| C | L | I | F | F |
| S | T | O | L | E |
| E | D | I | C | T |
| W | A | R | E | S |
| | | | | |

Q W E R T Y U I O P
A S D F G H J K L
Z X C V B N M

EXPERT

**Puzzle 486**
Clue: joint

| | | | | |
|---|---|---|---|---|
| G | A | M | M | A |
| N | E | X | U | S |
| T | I | D | E | D |
| C | H | O | S | E |
| J | O | K | E | R |
| | | | | |

Q W E R T Y U I O P
A S D F G H J K L
Z X C V B N M

**Puzzle 487**
Clue: poetry

| | | | | |
|---|---|---|---|---|
| A | B | O | I | L |
| S | A | U | L | T |
| J | O | I | N | T |
| P | R | A | N | K |
| F | O | R | C | E |
| | | | | |

Q W E R T Y U I O P
A S D F G H J K L
Z X C V B N M

**Puzzle 488**
Clue: quiet

| | | | | |
|---|---|---|---|---|
| D | O | I | L | Y |
| F | L | U | E | S |
| S | W | A | N | K |
| H | E | L | I | X |
| T | A | M | E | R |
| | | | | |

Q W E R T Y U I O P
A S D F G H J K L
Z X C V B N M

**Puzzle 489**
Clue:
cuddle

| | | | | |
|---|---|---|---|---|
| Q | U | I | F | F |
| S | T | A | R | K |
| L | E | V | E | R |
| O | K | A | Y | S |
| S | T | R | U | T |
| | | | | |

Q W E R T Y U I O P
A S D F G H J K L
Z X C V B N M



**Puzzle 490**
Clue: tender

| | | | | |
|---|---|---|---|---|
| P | I | L | A | U |
| C | A | D | E | T |
| S | A | R | G | E |
| H | E | R | B | S |
| E | X | P | O | S |
| | | | | |

Q W E R T Y U I O P
A S D F G H J K L
Z X C V B N M

**Puzzle 491**
Clue:
preside

| B | E | L | O | W |
|---|---|---|---|---|
| F | U | N | K | Y |
| H | E | A | R | D |
| F | I | E | L | D |
| L | O | A | N | S |
| | | | | |

Q W E R T Y U I O P
A S D F G H J K L
Z X C V B N M

**Puzzle 492**
Clue: relent

| S | N | O | R | T |
|---|---|---|---|---|
| J | E | T | T | Y |
| C | U | R | V | E |
| F | A | K | E | D |
| W | E | D | G | Y |
| | | | | |

Q W E R T Y U I O P
A S D F G H J K L
Z X C V B N M

EXPERT

**Puzzle 493**
Clue: breathes

| C | U | R | I | O |
|---|---|---|---|---|
| H | I | K | E | S |
| M | E | O | W | S |
| F | L | I | T | S |
| T | Y | P | E | S |
| | | | | |

Q W E R T Y U I O P
A S D F G H J K L
Z X C V B N M

EXPERT

**Puzzle 494**
Clue: tell

| C | O | R | N | Y |
|---|---|---|---|---|
| B | L | A | M | E |
| Q | U | I | R | K |
| T | H | U | N | K |
| J | O | K | E | D |
| | | | | |

Q W E R T Y U I O P
A S D F G H J K L
Z X C V B N M

**Puzzle 495**
Clue: entry

| K | A | Y | A | K |
|---|---|---|---|---|
| F | O | C | U | S |
| S | P | I | R | E |
| T | W | I | N | E |
| C | H | I | L | E |
| | | | | |

Q W E R T Y U I O P
A S D F G H J K L
Z X C V B N M

**Puzzle 496**
Clue: brisk

| R | E | A | D | Y |
|---|---|---|---|---|
| S | A | U | C | E |
| A | B | U | T | S |
| G | R | O | W | N |
| S | T | R | A | P |
| | | | | |

Q W E R T Y U I O P
A S D F G H J K L
Z X C V B N M

**Puzzle 497**
Clue: wave

| | | | | |
|---|---|---|---|---|
| C | H | U | R | N |
| K | A | Z | O | O |
| M | I | T | T | S |
| A | B | O | D | E |
| S | Y | R | U | P |
| | | | | |

Q W E R T Y U I O P
A S D F G H J K L
Z X C V B N M

EXPERT

**Puzzle 498**
Clue: mine

| | | | | |
|---|---|---|---|---|
| M | O | V | I | E |
| P | R | O | U | D |
| G | U | L | A | G |
| B | L | A | B | S |
| A | S | I | D | E |
| | | | | |

Q W E R T Y U I O P
A S D F G H J K L
Z X C V B N M

**Puzzle 499**
Clue:
infatuation

| | | | | |
|---|---|---|---|---|
| I | N | L | A | Y |
| P | O | K | E | D |
| A | N | T | I | C |
| C | I | V | E | T |
| C | O | M | B | S |
| | | | | |

Q W E R T Y U I O P
A S D F G H J K L
Z X C V B N M

**Puzzle 500**
Clue:
indicate

| | | | | |
|---|---|---|---|---|
| U | S | U | A | L |
| B | E | R | M | S |
| A | L | O | U | D |
| M | O | R | A | Y |
| J | O | K | E | D |
| | | | | |

Q W E R T Y U I O P
A S D F G H J K L
Z X C V B N M

## Solutions

1: FAULT
2: EARLY
3: TABLE
4: BLAME
5: TREAT
6: CHART
7: SHAPE
8: LAPSE
9: SHOVE
10: SPADE
11: DREAD
12: GRAND
13: MAYOR
14: STACK
15: SOLVE
16: AGONY
17: HEATH
18: BULGE
19: STRIP
20: CLING
21: CLIMB
22: DRILL
23: BADGE
24: OUGHT
25: TOAST
26: SKILL
27: WORRY
28: GOODS
29: SLASH
30: MADAM
31: SHARE
32: FLING
33: PLAIN
34: CLASH
35: VOICE
36: STAND
37: WIDOW
38: NIECE
39: PUPIL
40: TOWER
41: QUEEN
42: RIVER
43: RIDGE
44: PRINT
45: GUESS
46: TOUGH
47: CHEST
48: BLAST
49: STRAP
50: NANNY
51: IDEAL
52: IRONY
53: FLUID
54: MERRY
55: PANIC
56: OTHER
57: CHAIN
58: STEAL
59: DITCH
60: CRISP
61: WORLD
62: CHASE
63: GRAFT
64: SPEND
65: CARVE
66: LORRY
67: TORCH
68: PLANT
69: CLUCK
70: BELOW
71: DETER
72: PENNY
73: HANDY
74: THINK
75: AWARD
76: PRIME
77: SHOCK
78: EXTRA
79: EVERY
80: HONEY
81: RELAX
82: PROUD
83: PRONE
84: GRAVY
85: GHOST
86: WHITE
87: STAKE
88: SHALL
89: CHOKE
90: GRAPE
91: PILOT
92: SILLY
93: AMUSE
94: PANEL
95: TEACH
96: MINOR
97: FIELD
98: SPEED
99: FILTH
100: GRASS
101: STAIN
102: STICK
103: SAUCE
104: HEAVY
105: SIGHT
106: CRACK
107: WATER
108: PROVE
109: ELECT
110: DODGY
111: INTER
112: ALTER
113: UNCLE
114: SPITE
115: BATCH
116: STAGE
117: BLADE
118: SPRAY
119: JUICE
120: MUSIC
121: BRICK
122: ALLEY
123: MICRO
124: GROSS
125: SPILL
126: NEVER
127: BLUNT
128: STEAM
129: EXIST
130: VITAL
131: GLARE
132: SAINT
133: TRACK
134: ROSES
135: CREEP
136: SLIDE
137: TOKEN
138: AWFUL
139: SCARE
140: BRIEF
141: YOUTH
142: CRASH
143: NURSE
144: CLERK
145: SKIRT
146: FERRY
147: ALONE
148: LUNCH
149: WHOOP
150: PLEAD
151: HOUSE
152: JOLLY
153: NORTH
154: AMAZE
155: WRITE
156: MARRY
157: IDIOT
158: BLOOD
159: UNTIL
160: JOINT
161: MAYBE
162: VALUE
163: GLOBE
164: STARE
165: RADAR
166: CRAFT
167: UPSET
168: FLOOD
169: SCREW
170: AGREE
171: FLUSH
172: LIGHT
173: TEASE
174: ASIDE
175: ALIEN
176: BROAD
177: EMPTY
178: UNITE
179: CLOUD
180: ALONG
181: ALIVE
182: GLORY
183: SWEEP
184: TODAY
185: EAGER
186: GREAT
187: RUGBY
188: AUDIT
189: DRIFT
190: FEAST
191: BACON
192: SLOPE
193: FENCE
194: CHILL
195: BRAND
196: MEDAL
197: ARISE
198: MEDIA
199: EAGLE
200: STEEP
201: STYLE
202: HARRY
203: ANKLE
204: CRUEL
205: ALARM
206: PARTY
207: GRADE
208: RIGHT
209: STUDY
210: COMIC
211: BOARD
212: GOOSE
213: READY
214: CHUNK
215: TRIAL
216: MIGHT
217: STORE
218: SOUND
219: CHECK
220: GRAPH
221: PLANK
222: BLIND
223: HARSH
224: BOOST
225: SCOOP
226: WHERE
227: DEPOT
228: DRAIN
229: TOUCH
230: GRAVE
231: TOWEL
232: FLAKE
233: EQUIP
234: HEART
235: STRAY
236: PORCH
237: LABEL
238: DOZEN
239: TENSE
240: NERVE
241: TOPIC
242: CRUDE
243: MINCE
244: DEATH
245: METRO
246: MINER
247: STAFF
248: SPARE
249: SHELL
250: IMAGE
251: CHEER
252: GREEN

253: FRUIT
254: INCUR
255: MOUND
256: SMALL
257: LOBBY
258: OFFER
259: WHILE
260: CHAOS
261: SINCE
262: QUIET
263: WHALE
264: BONUS
265: HATCH
266: TREAT
267: CHILD
268: AWARE
269: AMBER
270: FANCY
271: CLICK
272: FATAL
273: FLOOR
274: TREAD
275: TOOTH
276: FRAME
277: SEVER
278: FIGHT
279: ROYAL
280: BENCH
281: PUNCH
282: SHEET
283: SHOUT
284: PAINT
285: CHALK
286: CREAM
287: STRAW
288: AGAIN
289: FORTH
290: PHASE
291: GRIEF
292: BASIN
293: CROSS
294: BINGO
295: WELLS
296: PLUMB
297: SEVEN
298: BUILD
299: MOUNT
300: BAKER
301: PATCH
302: ADULT
303: STINK
304: FINED
305: CAMEL
306: SPADE
307: SNIFF
308: SCOUT
309: ARROW
310: SPARK
311: HASTE
312: GIANT
313: FLAME
314: KNOCK
315: SUGAR
316: LEGAL
317: LASER
318: GRAIN
319: ESSAY
320: WRIST
321: ELDER
322: MANOR
323: REFER
324: ORGAN
325: SCORE
326: CLOTH
327: SLEEP
328: APPLE
329: MERIT
330: DUMMY
331: PRUNE
332: WHACK
333: TONIC
334: AWAKE
335: NASTY
336: STONE
337: OPERA
338: PADDY
339: MINUS
340: UPPER
341: IMPLY
342: ANNOY
343: HEDGE
344: RIGID
345: CLASS
346: GLOVE
347: NAIVE
348: HURRY
349: ONION
350: CLOUT
351: SLING
352: SHAME
353: TRACE
354: ROGUE
355: SMOKE
356: BRUTE
357: PAPER
358: SMACK
359: KNIFE
360: DREAM
361: CABLE
362: SHADE
363: THROW
364: EARTH
365: PLONK
366: LAUGH
367: STEEL
368: FLOUR
369: VAGUE
370: MOTOR
371: DERBY
372: EVENT
373: SMART
374: HOBBY
375: GRATE
376: HEAVE
377: LEARN
378: SKATE
379: SWORD
380: SHORT
381: STORM
382: QUITE
383: TRICK
384: GREET
385: LAPSE
386: DEBIT
387: FARCE
388: WAGON
389: ENEMY
390: SPOIL
391: CHEAP
392: THORN
393: COVER
394: TRAMP
395: WEDGE
396: LODGE
397: CLEAR
398: CRIME
399: STORY
400: PURSE
401: SHAKE
402: SNEAK
403: STOKE
404: WEAVE
405: REACT
406: ARGUE
407: ADOPT
408: BOXED
409: FORGE
410: GREED
411: STALL
412: HABIT
413: THUMB
414: TUTOR
415: FAIRY
416: BLOKE
417: CHEEK
418: LATCH
419: CURSE
420: MAJOR
421: SWEET
422: BREAK
423: GRANT
424: ALIKE
425: FORCE
426: SPACE
427: BIRTH
428: LEMON
429: TUMMY
430: CHURN
431: RANGE
432: TIGHT
433: AMEND
434: CLAIM
435: REBEL
436: DIRTY
437: VISIT
438: APART
439: FIRST
440: STIFF
441: DROWN
442: ASSET
443: SWING
444: CIVIL
445: ENDOW
446: POUND
447: FRANK
448: POWER
449: DECAY
450: STOCK
451: RURAL
452: ROUGH
453: WRECK
454: PRIOR
455: FOCUS
456: PIECE
457: QUEUE
458: DELAY
459: LOYAL
460: JUDGE
461: USUAL
462: AHEAD
463: STATE
464: CATER
465: CAUSE
466: DOUBT
467: LARGE
468: SENSE
469: VERSE
470: GUARD
471: VIDEO
472: AMONG
473: AVOID
474: PRIZE
475: BRIDE
476: STING
477: LEVER
478: BRACE
479: MATCH
480: SUITE
481: ROUND
482: SPORT
483: SOLID
484: GRIND
485: BREED
486: ELBOW
487: RHYME
488: PEACE
489: SPOON
490: MONEY
491: CHAIR
492: YIELD
493: PANTS
494: SPEAK
495: DRIVE
496: SWIFT
497: SWELL
498: SHAFT
499: CRUSH
500: POINT

First published in 2022 by Ivy Press,
an imprint of The Quarto Group.
The Old Brewery, 6 Blundell Street
London, N7 9BH, United Kingdom
T (0)20 7700 6700
www.Quarto.com

© Quarto
All rights reserved. No part of this book may be reproduced or utilized in any form or by any means, electronic or mechanical, including photocopying, recording or by any information storage and retrieval system, without permission in writing from Quarto. A catalogue record for this book is available from the British Library.

ISBN 978-0-7112-8040-3

10 9 8 7 6 5 4

Compiled and designed by Tim Dedopulos and Roland Hall

Printed and bound by CPI Group (UK) Ltd, Croydon, CR0 4YY